10ᵉ Édition
CORRIGÉE EN 1877

CATALOGUE

DESCRIPTIF

DE TOUS LES

TIMBRES-POSTE

TIMBRES-TÉLÉGRAPHE, CARTES-POSTE, ETC.

ÉMIS DE 1840 A 1870

AVEC

LEURS DATES D'ÉMISSION

leurs valeurs, leurs couleurs et variétés

AINSI QUE LES PRIX AUXQUELS ON PEUT SE LES PROCURER

ARTHUR MAURY

80, RUE SAINT-LAZARE, 80

PARIS

1840. — GRANDE-BRETAGNE — 1840

Enveloppe postale, gravée par Mulready

Voir page 49, n° 33.

INTRODUCTION

Les collections sont plus que jamais à la mode ; tout ce qui offre un intérêt artistique ou archéologique, toutes les curiosités sont recherchées avec ardeur : la foule encombre les ventes publiques, les enchères atteignent des prix fabuleux ; cette passion de collections gagne un peu tout le monde, c'est qu'on y trouve, dès qu'on y a goûté, un attrait puissant, irrésistible, des émotions intimes, ignorées du vulgaire et qui sèment la vie de joies tranquilles, tout en consolant de bien des mécomptes et des illusions ; c'est une distraction qui repose des affaires, c'est une occupation pour les gens de loisirs.

Or, s'il est une collection attrayante entre toutes, et à la portée de tout le monde, facile à commencer et même à compléter, c'est bien celle des timbres-poste, qui est aussi la moins embarrassante, puisqu'elle n'exige pour tout matériel qu'un Album. — On a ri de cette idée comme de tout ce qui est nouveau, et que l'on ne veut pas prendre la peine d'approfondir, mais nous avons vu maintes fois les rieurs de la veille devenir d'ardents prosélytes.

La collection des timbres-poste n'a plus besoin d'être défendue, de toutes, elle est certainement aujourd'hui la plus propagée : nous expédions des timbres, nous faisons des échanges dans toutes les parties du monde, jusque dans l'extrême Australie. — Dès qu'un étranger emporte en son pays une collection de timbres-poste, nous sommes certain qu'avant peu, toutes les personnes auxquelles il l'aura montrée nous demanderont un Album semblable et nous proposeront des échanges. C'est pendant plusieurs mois une fièvre qui se calme peu à peu, en laissant derrière elle quelques véritables amateurs, qui nous écrivent toujours et deviennent presque nos amis.

Nous le répétons, cette collection mérite son succès qui dure déjà depuis dix ans ; et qu'importe au collectionneur la nature et le prix d'un objet sa vraie valeur est toute dans le désir qu'il a de le posséder, et nous osons le dire, ses émotions sont les mêmes, qu'il poursuive des tableaux anciens ou de modestes timbres-poste : ce qu'il lui faut, c'est chercher, puis trouver, pour rechercher encore, — et, à ce compte, les timbres lui réservent une grande somme de plaisir, car ils sont nombreux et d'un prix généralement peu élevé, malgré la grande rareté de beaucoup d'entre eux.

Et d'ailleurs ne trouvons-nous pas réunis dans nos timbres-poste les éléments de tout ce qui fait les collections sérieuses? ceux de France, d'Angleterre, d'Amérique, de Sicile, par exemple, ne sont-ils pas de mignons chefs-d'œuvre, signés des premiers artistes de ces pays, et où l'imprimeur a déployé tout son savoir pour inventer ces nuances qui charment les yeux et défient la contrefaçon ; par contre n'y a-t-il pas un intérêt de haute curiosité à examiner les spécimens primitifs fournis par la Moldavie, la Servie, le Cachemire, la Nouvelle-Calédonie, Shanghaï, Buénos-Ayres, etc.?

Les timbres n'offrent-ils pas une série intéressante de portraits de souverains, de blasons, d'attributs, qui racontent l'histoire contemporaine? — Que de gens ont rappris la géographie en classant leurs timbres, combien se félicitent de connaître à fond les monnaies étrangères qui autrement ne leur fussent jamais restées dans la mémoire !

Pour ces raisons, un père de famille ne saurait trop encourager ce goût chez ses enfants, c'est au besoin une heureuse voie de dérivation à d'autres penchants; et puis régulièrement les papas continuent pour leur propre compte, tout en s'en défendant bien d'abord, la collection commencée pour leurs enfants, jusqu'au jour où, rencontrant quelque grands amateurs et émerveillés du contenu de leurs albums, ils s'avoueront franchement collectionneurs de timbres-poste !

Nous l'avons dit, cette collection est à la portée de toutes les bourses : en effet, on peut compléter, avec le temps et sans grands frais, un album de timbres-poste si l'on prend indistinctement des timbres neufs ou ayant servi, mais les délicats, les raffinés, ne veulent autant que possible que des exemplaires immaculés et bien conservés, des enveloppes postales entières, avec tout leur relief, et ici la difficulté devient souvent extrême pour les émissions disparues depuis longtemps. Ils recherchent aussi les variétés de nuances, de papiers, de filigranes, de dentelures ; ajoutant à cela les essais, les épreuves de graveurs très-rares pour la plupart, toutes choses pourtant que l'on finit bien par trouver avec de la patience et de l'argent, on voit qu'une belle collection peut avoir sa valeur, et de fait plusieurs se sont déjà vendues jusqu'à vingt-cinq mille francs. — La collection de M. Ph., la reine des collections de ce genre, qui a accaparé les plus belles pour se compléter, a bien coûté à son propriétaire, sans exagération, plus d'une centaine de mille francs !

Enfin, notre petite science, que, depuis huit ans, nous propageons et nous vulgarisons autant qu'il est en nous, la *philatelie*, vient de recevoir la consécration officielle, par l'établissement que nous sollicitions depuis longtemps, d'une collection publique de timbres-poste, annexée au riche musée de l'Hôtel des Monnaies de Paris.

1870.

Nous employons dans le présent ouvrage des termes et des abréviations dont nous devons donner la signification aux collectionneurs commençants :

PAPIERS. — Nous ne mentionnons que les sortes de papiers offrant des différences tranchées : le *papier vergé* se reconnaît aux traces parallèles qu'y laisse la *forme* métallique sur laquelle il a été coulé ; le papier *bleuté* est légèrement azuré par les soins du fabricant ; au contraire, le papier *bleui* est celui qui s'est teinté par suite d'une réaction chimique, lente, entre la couleur du timbre et la gomme.

Nous dirons : *couleur sur blanc* ou *noir sur couleur* pour : imprimé en couleur sur papier blanc ou en noir sur papier de couleur ; le manque d'indication signifie : *couleur sur blanc.*

FILIGRANES. — On appelle *filigranes* les lettres et dessins que l'on voit en transparence dans les billets de banque, les papiers timbrés et nombre de timbres-poste étrangers.

Le filigrane s'obtient au moyen d'une fabrication particulière du papier ; son emploi a pour but d'entraver la contrefaçon.

Sur les feuilles de timbres-poste, le filigrane se compose généralement

d'un petit dessin identique répété autant de fois qu'il le faut pour que chaque timbre en soit pourvu.

Dans le catalogue, nous donnons le dessin des divers filigranes : plusieurs colonies anglaises en ont de spéciaux, mais les deux ci-contre

servent ou ont servi pour presque toutes :

Il n'est pas étonnant de rencontrer certains filigranes ayant été employés par erreur pour des timbres auxquels ils n'étaient pas destinés, ceci surtout lorsqu'il s'agit de chiffres.

Dans quelques cas, un seul grand filigrane occupe toute la feuille et les timbres n'en présentent plus chacun que des fragments : tels sont ceux de Toscane et les 1/2 anna bleus anciens des

Indes qui offrent : les premiers, la couronne ci-dessus ; les seconds,

ces armoiries :

On rencontre encore en filigrane des lettres et des fragments de dessins qui ne sont que des marques des fabricants et, par conséquent, n'ont aucun intérêt.

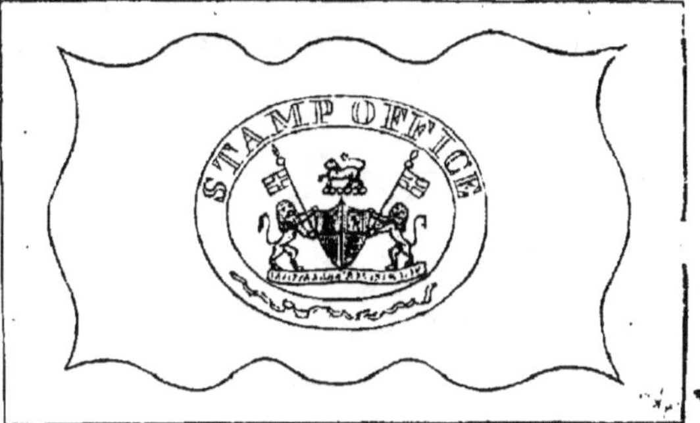

Fils. — Quelques timbres ont dans leur épaisseur des fils de soie de couleur : c'est le papier de sûreté Dickinson ; nous écrivons par abréviation : *Dick.*

Dentelés. — Nous indiquons toutes les variétés de dentelures des timbres, adoptant les désignations proposées par le Dr Magnus :

Percés (*per.*), se dit des timbres séparés entre eux par de petites lignes interrompues, coupant le papier sans en enlever de parcelles (ce qu'on appelait précédemment *dentelé à la roulette*). Ces lignes sont droites (*per. li.*) et quelquefois enduites de couleur (*per. li. co.*), ou percées en scie (*per. sc.*), ou en *serpentin* comme les timbres de Finlande ou en *arc,* ou en petites lignes *parallèles verticoles (per. pa. ve.),* ou *obliques (per. pa, ob.)*

deux centimètres

Piqués (piq.), signifie que les timbres sont séparés entre eux par des lignes de trous ronds enlevés au papier; les grands collectionneurs recherchent les différences de piqûres qui très-souvent correspondent à des changements de nuances, de filigranes, etc. Pour mesurer l'écartement de ces piqûres, ils comptent ce nombre de trous sur une ligne fixe de deux centimètres : ainsi les timbres des Indes e d'Espagne sont *piq.* 14, c'est-à-dire qu'ils ont 14 trous par deux centimètres. Nous donnons ici l'*odontomètre* du Dr Magnus à l'aide duque on peut mesurer les piqûres en cherchant avec quelle rangée de points elles concordent.

	7
	9
	9 1/2
	10
	11
	11 1/2
	12
	12 1/2
	13
	13 1/2
	14
	14 1/2
	15
	15 1/2
	16

ENVELOPPES. — A de rares exceptions près, les enveloppes postales sont frappées d'un timbre qui est le signe d'affranchissement; ce timbre est au coin droit, au coin gauche, ou derrière l'enveloppe sur la patte. Presque toutes les enveloppes allemandes ont dans l'un des angles deux petites inscriptions parallèles, imprimées en noir ou en couleur. On en trouve plusieurs avec des fils de soie Diokinson. Quelques-unes ont des filigranes; celui des Russes est magnifique: les armoiries nationales en occupent toute la surface; les enveloppes des Etats-Unis n'ont que des lettres répétées comme sur la figure ci-contre :

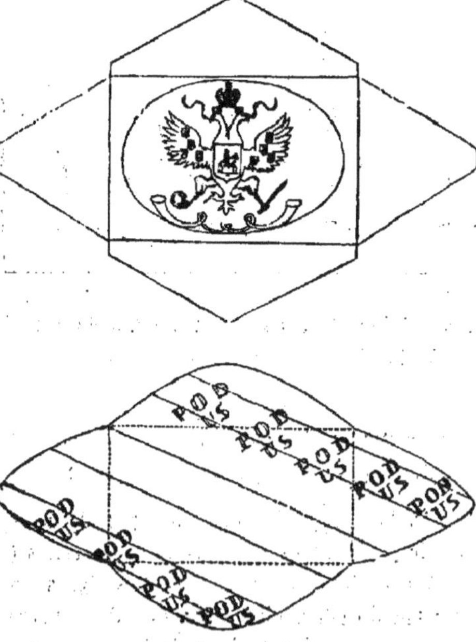

L'enveloppe suisse a une co- lombe messagère; celle du Danemark n'a qu'une couronne à la patte.

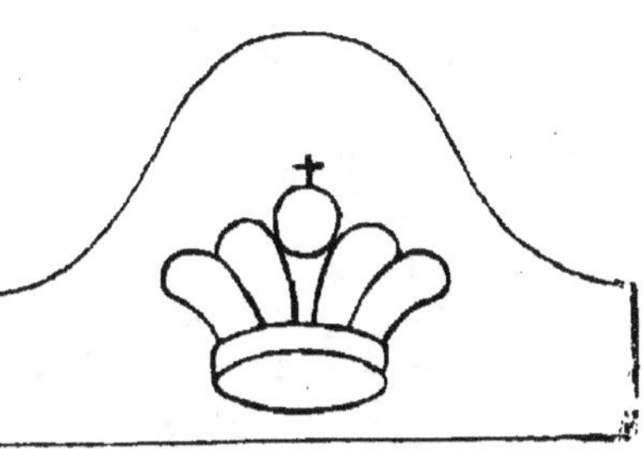

Depuis peu, et d'après les recherches du docteur Magnus, les ama-

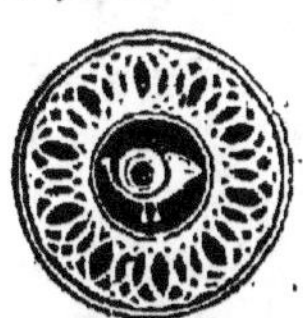

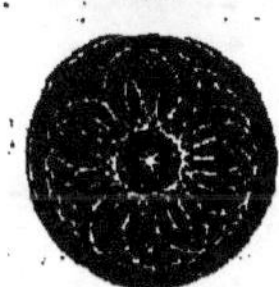

teurs en quête de variétés, collectionnent les différents formats d'enveloppes, entières bien entendu, et distinguent les dessins en relief qui se trouvent dans beaucoup de cas à la patte des enveloppes et correspondent presque toujours — comme les dentelures pour les timbres — à un changement d'émission, ils peuvent servir aussi à distinguer les réimpressions. Les dessins ci-joints reproduisent le fleuron en relief des enveloppes de l'Allemagne du Nord (Confédération), et celui de plusieurs enveloppes prussiennes.

Il existe encore des bandes pour journaux : celle de la Nouvelle-Galles du Sud a, à l'une des extrémités, un large filigrane dont voici une réduction :

Oblitération. — L'oblitération est la marque par laquelle les postes annulent les timbres; quelques amateurs collectionnent ces différentes marques. Les timbres neufs ont toujours plus de valeur que les oblitérés.

Réimpression. — On nomme ainsi les tirages officiels des timbres anciens refaits nouvellement avec les gravures authentiques. Le papier et la couleur des réimpressions diffèrent toujours un peu de ceux des tirages primitifs.

Essais. — Les essais sont : ou des épreuves en couleurs diverses de types adoptés, ou de dessins différents proposés pour remplacer les timbres en cours Nous n'indiquons que les essais que l'on peut se procurer, négligeant les rares qui ne sont connus que dans quelques riches collections.

A. MAURY.

Pour ménager l'espace, tout en maintenant les gravures dans le texte, nous mettons souvent deux types sur une même ligne, dans ce cas, le premier se rapporte à la description qui précède, le second, à celle qui suit.

AVIS

Nous indiquons les prix de *presque tous* les timbres, mais on comprendra facilement que nous ne possédions pas la totalité; cela dit surtout pour les rares. Aussi prions-nous les personnes qui nous adresseront des commandes, de toujours indiquer, à part, un certain nombre de timbres supplémentaires, pour servir à remplacer ceux qui viendraient à nous manquer.

Nos timbres sont TOUS GARANTIS AUTHENTIQUES, ceux d'origine incertaine, comme la plupart des Offices d'Amérique, de Dresde, etc., sont précédés d'un astérisque.

Pour rédiger les listes de timbres demandés, il suffit de mentionner le nom du pays, le numéro d'ordre et le prix de vente, les autres indications sont inutiles.

GRATIS et FRANCO, nous envoyons à nos clients qui en font la demande des formules de commandes qu'il ne reste plus qu'à remplir, ainsi que des enveloppes imprimées à notre adresse.

Nous prions instamment nos clients de vouloir bien répéter très-lisiblement leur nom et leur adresse à chaque commande.

Toutes les demandes doivent être accompagnées de leur payement en papier-monnaie, coupons échus, timbres-poste neufs, mais de préférence en mandats de poste qui laissent un reçu entre les mains de l'envoyeur.

Les lettres non affranchies seront rigoureusement refusées.

Les demandes de renseignements, propositions d'échanges, doivent être accompagnées d'un timbre pour l'affranchissement de la réponse.

Nous prions ceux de nos clients qui ont de grandes collections de nous retourner un de nos catalogues après y avoir effacé d'un trait de crayon tous les timbres qu'ils possèdent, nous pourrons alors, à coup sûr, leur proposer ce qui leur manque, et de notre côté, nous noterons sur ce même catalogue, ce qu'ils conserveront de nos envois, ainsi nous nous tiendrons à peu près au courant de leur collection.

Cette **Dixième Édition** a été révisée avec soin en 1877.

Catalogue descriptif (2ᵉ partie) de tous les timbres-poste, timbres-télégraphe, cartes-poste, etc., créés de 1870 à 1875, avec leurs dates, couleurs, variétés et prix de vente, par MAURY.
Edition illustrée d'un grand nombre de gravures nouvelles.
Prix.. **1 fr. 25 c.** (Port 20 c

CATALOGUE DESCRIPTIF

DES

TIMBRES-POSTE

ÉMIS DE 1840 A 1870

AVEC LEURS PRIX DE VENTE, NEUFS OU OBLITÉRÉS,

POUR LES COLLECTIONS

Pour les nouvelles émissions, voir la 2ᵉ Partie

AÇORES (Afrique).

1868-69. *Timbres Portugais de 1866, avec le mot AÇORES imprimé en noir.*

		Neufs.		Oblitérés,	
1. 5	reis noir	»	»	»	»
2. 10	» jaune	»	»	»	»
3. 20	» bistre	1ᶠ	»	»	»
4. 50	» vert	2ᶠ	»	»	»
5. 80	» orange	2ᶠ	»	»	»
6. 100	» violet	3ᶠ	»	»	»

Idem, piqués 13, AÇORES en rose.

		Neufs.		Oblitérés,	
7. 5 reis noir		» 50		»	»

Idem, AÇORES en noir.

		Neufs.		Oblitérés,	
8. 10 reis jaune		» 50		»	»
9. 20	» bistre	» 75		»	»
10. 25	» rose	» 75		» 25	
11. 50	» vert	1ᶠ25		»	»
12. 80	» orange	1ᶠ50		»	»
13. 100	» violet	2ᶠ	»	»	»
14. 120	» bleu	2ᶠ	»	»	»
15. 240	» violet	3ᶠ50		»	»

ALLEMAGNE.

ÉTATS DU NORD. — OFFICE TOUR ET TAXIS.

1852. *Chiffre, noir sur couleur.*

		Neufs.		Oblitér.	
1. 1/4 silb. jaune brun.		»	»	1ᶠ	»
2. 1/3 » chair		1ᶠ	»	»	»
3. 1/2 » vert d'eau..		»	»	» 40	
4. 1/2 » » foncé.		»	»	» 40	
5. 1 » bleu clair..		»	»	» 40	
6. 1 » bleu ciel...		»	»	» 50	
7. 1 » bleu foncé.		»	»	1ᶠ	»
8. 2 » rose		»	»	» 20	
9. 3 » jaune		»	»	» 20	

1859. *Même type, couleur sur blanc.*

		Neufs.		Oblitér.	
10. 1/4 silb. rouille....		» 50		»	»
11. 1/2 » vert		»	»	» 60	
12. 1 » bleu		»	»	» 50	
13. 2 » rose		»	»	» 25	
14. 3 » brun rouge		»	»	» 25	
15. 5 » lilas		» 25		»	»
16. 10 » vermillon.		» 35		»	»

1862-65. *Même type, couleur sur blanc.*

			Neufs.	Oblitér.	
17.	1/4 silb. noir......	» 75	»	»
18.	1/3 » vert......	» 75	»	»
19.	1/2 » orangé....	» »	»	25
20.	1/2 » orang. pâle	» 50	»	15
21.	1 » rose......	1f »	»	20
22.	2 » bleu......	1f50	»	35
23.	3 » bistre.....	1f50	»	25
24.	3 » bistre pâle	1f50	»	25

1865. *Mêmes timbres, percés en ligne et per. lign. coul.*

25.	1/4 silb. noir......	» 15	»	»
26.	1/3 » vert......	» 15	»	»
27.	1/2 » orangé....	» 15	»	»
28.	1 » rose......	» 15	»	»
29.	2 » bleu......	» 15	»	»
30.	3 » bistre.....	» 15	»	»
31.	5 » lilas......	4f »	»	»
32.	10 » vermillon .	5f »	»	»

ENVELOPPES.

1861. *Chiffre, relief et couleur. Petites inscriptions lilas.*

33.	1/2 silb. orangé...	»	»	»	»
34.	1 » rose.....	»	»	»	»
35.	2 » bleu foncé	»	»	»	»
36.	3 » bistre....	»	»	»	»

1862. *Les mêmes, inscriptions couleur du timbre.*

37.	1/4 silb. noir......	» 40	»	»
38.	1/2 » orangé....	» 50	»	»
39.	1/2 » orang. pâle	» 40	»	»
40.	1 » rose.....	» 40	»	»
41.	2 » bleu foncé	» »	»	»
42.	2 » bleu....	» 40	»	»
43.	3 » bistre....	» 40	»	»

Jusqu'en 1866 ces enveloppes portaient un fleuron en relief à la patte, le 1/4 excepté; depuis 1866 on y imprima un cor de poste entouré de rayons.

1852. *Chiffre, noir sur couleur.*

			Neufs.	Oblitér.	
1.	1 kr. vert d'eau ...	1f50	»	25
2.	1 » v. d'eau clair.	» »	»	25
3.	3 » bleu clair....	» »	»	25
4.	3 » bleu foncé...	» »	»	50
5.	6 » rose.........	» »	»	15
6.	9 » jaune........	» »	»	10

1859. *Même type, couleur sur blanc.*

7.	1 kr. vert clair....	» 35	»	15
8.	3 » bleu.........	» »	»	50
9.	6 » rose.........	» »	»	35
10.	9 » jaune........	» »	»	35
11.	15 » lilas.........	25 »	»	35
12.	30 » vermillon....	35 »	»	»

1862. *Mêmes timbres.*

13.	3 kr. rose.........	» 75	»	10
14.	6 » bleu.........	1f »	»	10
15.	9 » bistre.......	1f25	»	10
16.	9 » bistre clair...	1f25	»	10

1865. *Mêmes timbres percés en li. et per. li. co.*

17.	1 kr. vert clair....	» 15	»	»
18.	3 » rose.........	» 15	»	»
19.	6 » bleu.........	» 15	»	»
20.	9 » bistre........	» 15	»	»
21.	15 » lilas.........	4f »	»	»
22.	30 » vermillon....	5f »	»	»

ENVELOPPES.

1861. *Chiffre, relief et couleur, petites inscriptions lilas.*

23.	2 kr. jaune........	»	»	»	»
24.	3 » rose.........	»	»	»	»
25.	6 » bleu foncé....	» 25	»	»
26.	9 » bistre........	10f »	»	»

1862. Les mêmes, petites inscriptions de même couleur que le timbre.

		Neufs.	Oblitér.
27. 1 kr. vert.........	» 50	»	»
27 b 1 » vert foncé ...	» 40	»	»
28. 2 » jaune........	» 40	»	»
29. 3 » rose........	» 40	»	»
30. 6 » bleu foncé...	» »	»	»
31. 6 » bleu clair....	» 40	»	»
32. 9 » bistre........	» 40	»	»

Jusqu'en 1866, fleuron à la patte, excepté 1 k.; depuis 1866, cor et rayons.

Depuis le 1er juillet 1867 les timbres de l'office Tour et Taxis sont remplacés par ceux de Prusse.

ALLEMAGNE DU NORD (Confédération).

1868. Chiffre et ornements, couleur s. blanc perc. li.

1. 1/4 gros. violet....	» 15	» 05
2. 1/3 » vert........	» 20	» 05
3. 1/2 » orange.....	» 25	» 05
4. 1 » rose........	» 25	» 05
5. 2 » bleu.......	» 35	» 05
6. 5 » bistre......	» 50	» 15
7. 1 kr. vert........	» 15	» 05
8. 2 » orange.....	» 25	» 05
9. 3 » rose........	» 25	» 05
10. 7 » bleu........	» 35	» 10
11. 18 » bistre......	» 50	» 25

1868. Mêmes timbres non dentelés.

1869. Mêmes timbres piq. 14.

1869. Timbres oblongs pour lettres chargées, piq. 1

		Neufs.	Oblitér.
12. 10 gros gris.......	3f »	» 20
13. 30 » bleu......	6f »	» 30

ENVELOPPES, type 1864.

| 14. 1 gros. rose...... | » 50 | » | » |
| 15. 3 kr. rose........ | 1f » | » | » |

1868. Bandes pour journaux mêmes types.

| 16. 1/3 gros vert..... | » 25 | » | » |
| 17. 1 kr. vert......... | » 25 | » | » |

Enveloppes de Prusse, Saxe, Brunswick, Oldenbourg, Mecklembourg, sur l'estampille desquelles est collé un timbre des Etats du Nord, surchargé de l'inscription soixante fois répétée : Nordeutscher postbezirk (décret de juillet et novembre 1868).

18. 1 gros rose.......	1f »	» 35
19. 2 » bleu.......	2f »	» »
20. 3 kr. rose........	1f »	» »

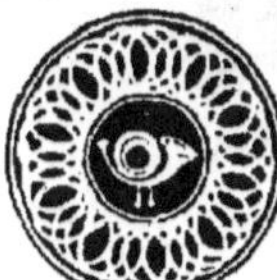

21. Enveloppe simple avec un timbre de 1 gros rose, collé à l'angle droit, fleuron à la patte.
..... 1f » » »

1869. Timbres de télégraphe coul. s. blanc piq. 14 1/2.

21a. 1/2 gros. bleu....	» »	» 25
22. 1 1/4 » » ...	» »	» 35
23. 2 1/2 gros. bleu....	» 60	» 10
24. 4 » »	1f »	» 25
25. 5 » »	1f 25	» 10
26. 8 » »	2f »	» 35
27. 10 » »	2f 25	» 10
28. 30 » »	5f »	» 40

ANGOLA (Afrique).

1869. *Couronne, couleur sur blanc,*
piq. 13.

				Neufs.	Oblitér.
1.	5	reis	noir......	» 40	» »
2.	10	»	jaune.....	» 40	» »
3.	20	»	bistre	» 50	» »
4.	25	»	rose......	1ᶠ »	» »
5.	50	»	vert......	1ᶠ25	» »
6.	100	»	violet.....	1ᶠ50	» »

ANTIGUA (Amérique).

1862. *Reine, couleur sur blanc;*
étoile en filigrane; piqués 14, 13,
15 1/2.

1.	1	pen.	carmin violet	» 75	» »
2.	1	»	carmin vif..	» 50	» »
3.	1	»	rouge.......	» 25	» »
4.	6	»	vert........	1ᶠ50	» 35

ANTIOQUIA (Nouvelle-Grenade).

1869-70. *Armoiries coul. s. blanc.*

1.	2 1/2	cent.	bleu...	» 50	» »
2.	5	»	vert...	» 75	» »
3.	10	»	lilas...	1ᶠ25	» 75
4.	20	»	brun..	2ᶠ50	1ᶠ »
5.	1	peso	rose...	» »	» »

ARGENTINE (Confédération).

1858. *Armoiries, couleur sur blanc.*

				Neufs.	Oblitér.
1.	5	cent.	rouge (gr. 5)	» »	5ᶠ »
2.	5	»	rouge (p. 5)	» 75	» 50
4.	10	»	vert........	1ᶠ50	» »
5.	15	»	bleu........	2ᶠ »	» »

1866. Réimpression des 5, 10 et 15 c.
avec grands chiffres, les trois : 5 fr. 50

1862. RÉPUBLIQUE ; *armes, couleur*
sur blanc.

6.	5	cent.	rouge........	» »	» 50
7.	5	»	rose........	» 75	» 35
8.	10	»	vert........	2ᶠ50	1ᶠ50
9.	15	»	bleu........	4ᶠ »	» »

1864. *Effigie (Rivadavia), couleur*
sur blanc, filig. R. A.

10.	5	cent.	carmin	» »	2ᶠ »
11.	10	»	vert.......	» »	» »

12.	15	»	bleu..........	» »	» »

1864. *Les mêmes, piq. 12.*

13.	5	cent.	carmin foncé.	» »	» 50
13b	5	»	rougeâtre...	» »	» 35
14.	5	»	rose........	» 75	» 35
15.	10	»	vert........	1ᶠ »	» 75
16.	15	»	bleu........	1ᶠ75	1ᶠ »

1867. *Les mêmes sur papier uni, piq. ou non.*
1867. *Effigies, couleurs, blanc, piq. 13.*

Neufs. Oblitér.

17. 5 c. rouge (Rivada-via)...... » 50 » 10
18. 10 » vert (Belgrano) 1f » » 35

19. 15 c. bleu (J. S. Mar-tin)...... 1f50 » 35

AUSTRALIE OCCIDENTALE.
1854-55. *Cygne en couleur, formes diverses. Cygne en filigrane.*

1. 2 pence gris sur rougeâtre.... » » 8f »
2. 4 » bleu....... » » 1f »
3. 4 » bleu pâle.. 1f50 1f »
4. 4 » id. grandes lettres... » » » »
4b 4 » bleu per. li. » » 4f »
5. 6 » doré...... » » 10f »
6. 6 » gris....... » » 10f »

7. 1 sh. rouille ovale » » 5f »

Neufs.Oblitér.

8. 1 sh. rouille pâle 6f » 4f »
8b 1 » id. per. li. » » » »

1860-61. *Rectangulaires, cygne.*

Neufs. Oblitér.

9. 1 penny noir....... » » » 75
10. 1 » noir (per. li.) » » 5f »
11. 2 pence orangé..... 1f » » »
12. 2 » id. (per. li.) » » 1f »
13. 2 » id. (papier pelure)... 3f » » »
15. 4 » bleu foncé (p. pelure) 4f » » »
16. 6 » vert....... » » 4f »
17. 6 » vert jaune.. » » 4f »
18. 6 » vert jaune (per. li.).. » » » »

1862. *Même type, piq. 14, 15. Cygne en filigrane.*

19. 1 penny carmin.... » » » 30
20. 1 » carmin pâle » » » 35
21. 2 pence bleu....... » 60 » 25
22. 4 » vermillon.. 2f50 » »
23. 6 » brun violet. 3f » » »
24. 1 sh. vert....... » » 1f50

1864. *Mêmes timbres, sans filigrane.*

25. 1 penny carmin.... » 50 » »
26. 1 » carm. rouge » » » 25
27. 2 » bleu....... » » » 50
28. 6 » violet...... » » » 75
29. 1 sh. vert..... » » » »

1865. *Mêmes timbres CC. et couronne en filigrane piq. 12 1/2.*

30. 1 penny bistre ..... » 25 » 15
31. 2 pence jaune vif... » 50 » 10
32. 4 » rose...... 1f » » 25
33. 6 » lilas....... 1f50 » 30
34. 1 shil. vert clair.. 2f50 » 50

On trouve souvent tous ces timbres avec un trou rond au milieu, ce sont les timbres pour les franchises.

AUSTRALIE DU SUD.

1855. Effigie de la reine, coul. sur blanc. Etoile en filigrane.

	Neufs.	Oblitér.
1. 1 penny vert.......	» »	3f »
2. 2 pence rouge	» »	1f 50
3. 2 » rouge pâle..	» »	1f 50
4. 2 » rouge brun.	» »	1f 50
5. 6 » bleu.......	» »	1f 50
6. 6 » violet......	» »	1f 50
8. 1 shil. orangé.....	» »	5f 50

1861. Les mêmes, per. li.

	Neufs.	Oblitér.
9. 1 penny vert bleu..	» 75	» »
10. 1 » vert.......	» 50	» 20
11. 2 pence brun rouge.	» »	» 50
12. 2 » rouge pâle.	» »	» 25
13. 2 » vermillon..	» 50	» 25
14. 6 » bleu.......	» »	» 50
15. 6 » bleu foncé.	» »	1f »
16. 6 » ardoise....	2f 50	» 50
17. 6 » violet......	» »	» 50
18. 9 » gris	2f »	» 75
19. 10 » orange......	3f »	1f »
20. 10 » jaune clair.	3f »	1f »
21. 1 shil. orangé.....	» »	2f 50
22. 1 » orangé pâle	» »	2f »
23. 1 » brun.......	2f 50	» 50
24. 1 » brun clair..	» »	» 35

1868. Les mêmes, piqués 11 1/2 ou per. li. en hauteur et piq. en largeur.

1867. Type différent, couleur sur blanc, étoile en fil. per. li.

	Neufs.	Oblitér.
25. 2 pence rougeâtre.	» 50	» 10
26. 4 pence violet	1f 50	» 50
27. 2 shil. carmin ...	5f »	» 50

AUTRICHE.

1850. Armoiries, couleur sur blanc.

	Neufs.	Oblitér.
1. 1 kr. orangé......	» »	» 20
2. 1 » jaune......	» »	» 20
3. 2 » noir........	» »	» 20
4. 3 » rouge......	» »	» 05
5. 3 » rouge pâle..	» »	» 10
6. 6 » brun	» »	» 05
7. 6 » brun pâle...	» »	» 10
8. 9 » bleu	» »	» 05
9. 9 » bleu pâle...	» »	» 10

1858. Effigie, coul. s. blanc, piq. 15.

	Neufs.	Oblitér.
10. 2 kr. orangé......	» »	2f »
11. 2 » jaune.......	» »	» 20
12. 3 » noir........	» »	» 50
13. 3 » vert........	» »	» 50
14. 5 » rouge	» »	» 05
15. 10 » brun	» »	» 05
16. 15 » bleu.......	» »	» 05

1861. Ovale, effigie en relief et couleur sur blanc, piq. 14.

	Neufs.	Oblitér.
17. 2 kr. jaune.......	» 50	» 10
18. 3 » vert........	» 50	» 15
19. 5 » rouge......	» 75	» 05
20. 10 » brun	1f »	» 05
21. 15 » bleu.......	1f 25	» 05

1866. Tous les timbres précédents ont été réimprimés en couleurs plus vives, ceux de 1858 et 1861 sont piq. 12. chacun...... 1f » » »

1863. Ovale, aigle, relief et couleur sur blanc; petite piq. 14.

	Neufs.	Oblitér.
22. 2 kr. jaune........	» 50	» 25
23. 3 » vert........	» 75	» 25
24. 5 » rose........	» 75	» 10

		Neufs.	Oblitér.
25. 10 kr. bleu........	1f25	» 15
26. 15 » brun.......	1f50	» 15

1864. *Les mêmes, grosse piq. 9 1/2.*

27. 2 kr. jaune......	» 20	» 05
28. 3 » vert.......	» 25	» 05
29. 5 » rose.......	» 40	» 05
30. 10 » bleu......	» 50	» 05
31. 15 » brun......	» 75	» 05

1867. *Effigie, sans relief, couleur sur blanc, piq. 9 1/2.*

80. 2 kr. jaune......	» 15	» 05
81. 3 » vert........	» 15	» 05
82. 5 » rose.......	» 25	» 05
83. 10 » bleu.......	» 50	» 05
84. 15 » brun.......	» 60	» 05
85. 25 » violet......	1f25	» 15

86. 50 » chair (piq.13)	2f »	» 25

TIMBRES POUR JOURNAUX

1850. *Tête de Mercure, impr. couleur sur blanc.*

32. Bleu.............	» 50	» 20
33. Bleu pâle.........	» »	» 25
34. Indigo...........	» »	» 50
35. Jaune pâle........	» »	8f »
36. Rose pâle........	» »	» »
37. Carmin vif........	» »	» »

Réimpression.

32 A. Bleu..........	» 35	» »
35 A. Jaune..........	» 40	» »
36 A. Rose..........	» 40	» »
37 A. Carmin..........	» 40	» »

1858-59. *Effigie à gauche, relief et couleur sur blanc.*

38. Lilas.............	1f »	» 25
39. Bleu...........	1f50	» »

1861. *Effigie à droite, relief et couleur sur blanc.*

		Neufs.	Oblitér.
40. Gris perle........	» 25	» 10
41. Lilas.............	» 50	» 15

1863. *Armoiries (aigle), relief et couleur sur blanc.*

42. Lilas............	» 15	» 10
43. Lilas clair........	» 15	» 05

1867. *Mercure, couleur sur blanc.*

87. Lilas............	» 15	» 05
87a. Gris clair........	» 15	» 10
87b. Brun...........	» 25	» 15
87c. Violet vif........	» 25	» 15

TIMBRES-TAXE POUR JOURNAUX

(NOTA. Nous indiquons ici tout ce qui a eu cours soit en Autriche, soit en Lombardo-Vénétie.)

1853-58. *Armoiries (aigle), couleur sur blanc.*

44. 1 kr. noir........	1f »	» »
45. 1 » bleu.......	» 50	» 10
46. 1 » bleu pâle...	» 25	» 10
47. 2 » vert........	» »	» 50
48. 2 » vert pâle...	» »	» 50
49. 2 » brun.......	» 50	» 10
50. 2 » brun clair...	» »	» 25
51. 2 » rouge.......	» »	» 10
52. 4 » rouge.......	» »	5f »
53. 4 » brun.......	» »	4f »

Tous de ces timbres ont été réimprimés.

ENVELOPPES.

Types des timbres.

1861. *Effigie en relief et couleur sur blanc*.

			Neufs.	Oblitér.
54.	3 kr.	vert........	1f50	» »
55.	5 »	rouge.......	1f50	» »
56.	10 »	brun.....	1f50	» »
57.	15 »	bleu........	2f »	» »
58.	20 »	orangé.....	3f »	» »
59.	25 »	brun foncé..	3f »	» »
60.	30 »	violet.......	4f »	» »
61.	35 »	brun clair...	5f »	» »

Ces enveloppes ont été réimprimées.

1863. *Aigle en relief et couleur sur blanc*.

62.	3 kr.	vert........	» 50	» »
63.	5 »	rose........	» 50	» 15
64.	10 »	bleu........	1f »	» 25
65.	15 »	bistre.......	1f »	» 25
66.	25 »	violet.......	2f »	» »

1867. *Effigie, coul. s. blanc*.

89.	3 kr.	vert.........	» 20	» »
90.	5 »	rose........	» 35	» 05
91.	10 »	bleu........	» 50	» »
92.	15 »	brun........	» 75	» »
93.	25 »	violet.......	1f50	» »

CARTE DE CORRESPONDANCE.

1869. *Imp. noir s. jaune, timbre de 1867, imprimé à l'angle droit*.

103.	2 kr. orangé.....	» 50	» »

TIMBRES DITS DE RETOUR.

(NOTA. Sous ce nom on connaît des marques qui servaient à compléter les anciennes feuilles de timbres. Il n'y a pas de timbres de retour en Autriche.)

1850. *Croix de couleur sur papier blanc*.

67.	Orangé..........	»	»	»	»
68.	Jaune..........	»	»	»	»
69.	Noir........	»	»	»	»
70.	Rouge..........	»	»	»	»
71.	Brun..........	»	»	»	»
72.	Bleu..........	»	»	»	»

1850. *Croix blanche en relief, fond de coul. sur papier blanc, piq.15*.

		Neufs.	Oblitér.
73.	Orangé..........	1f »	» »
74.	Jaune...........	» 50	» »
75.	Noir.....	» 50	» »
76.	Vert........	» 25	» »
77.	Rouge...........	» 35	» »
78.	Brun...........	» 50	» »
79.	Bleu.............	» 25	» »

OFFICE PARTICULIER

*** COMPAGNIE DE LEITMERITZ.**

1867. *Noir sur couleur. Onze couleurs de chaque valeur (abus évident)*.

94.	5	kreuzer........	» »	» »
95.	10	»	» »	» »

96.	15	»	» »	» »
97.	25	»	» »	» »

98.	50	»	» »	» »
La collection de 5 valeurs............		» »	» »
La collection de 55 timbres............		» »	» »

BADE.

1851. *Chiffre noir sur couleur.*

1. 1 kr. chamois.....	»	»	1ʳ »
2. 3 » jaune paille.	»	»	» 15
3. 3 » jaune orangé	»	»	» 25
4. 6 » vert........	»	»	» 25
5. 9 » rose........	»	»	» 10

1853. *Mêmes timbres.*

6. 1 kr. blanc.......	»	»	» 25
7. 3 » bleu.........	»	»	» 20
8. 3 » vert........	»	»	» 15
9. 6 » jaune........	»	»	» 15

1863. Timbres de 1851 et de 1853 réimprimés, chaque... » 75 » »

1860. *Armoiries, fond de couleur sur blanc, petite piq. 13 1/2.*

10. 1 kr. noir........	1ʳ »	»	»
11. 3 » bleu ciel....	» »	» 25	
12. 3 » bleu foncé..	» 50	» 35	
13. 6 » jaune orangé	» 60	» 35	
14. 6 » jaune.......	1ʳ »	» 35	
15. 9 » rose........	» 75	» 35	

1862. *Mêmes timbres, grosse piq. 10.*

16. 1 kr. noir........	1ʳ »	»	»
18. 6 » bleu........	» 75	»	»
19. 9 » bistre.......	» 75	»	»
20. 9 » bistre clair..	» 75	»	»

1862-64. *Mêmes timbres, armoiries fond blanc, piq. 10.*

21. 1 kr. noir........	» 25	» 15	
22. 3 » rose, piq. 13 1/2 et 10.	» 25	» 05	
23. 6 » bleu.	» 50	» 10	
24. 9 » bistre........	» 75	» 10	
25. 18 » vert........	» 75	» »	
26. 30 » orangé	2ʳ 50	1ʳ 25	

1868. *Même type, grosses inscriptions, piq. 10.*

	Neufs.	Oblitér.
38. 1 kr. vert........	» 25	10
39. 3 » rose........	» 25	» 05
40. 7 » bleu........	» 75	» 20

1862. LAND-POST (CHIFFRES-TAXE).

Chiffre noir sur couleur piq. 10.

27. 1 kr. jaune.......	» 10	»	»
28. 3 » jaune.......	» 15	»	»
29. 12 » jaune.......	» 25	»	»

ENVELOPPES.

1858 *Ovales, relief et couleur sur blanc.*

30. 3 kr. bleu........	2ʳ »	»	»
31. 6 » jaune d'or...	2ʳ 50	»	»
32. 9 » rose........	2ʳ 50	»	»
33. 12 » bistre.......	12ʳ »	»	»
34. 18 » rouge brun..	15ʳ »	»	»

1862. *Même type.*

35. 3 kr. rose........	»	»	» 10
36. 6 » bleu........	» 75	» 50	
37. 9 » bistre.......	1ʳ »	» 25	

BAHAMAS.

1859. *Reine, couleur sur blanc.*

1. 1 penny rouge pâle.	»	»	» »

1861. *Même type, piq. 12, 15.*

2. 1 penny rouge pâle..	»	»	» »
3. 4 pence rose	»	»	» »
4. 6 » lilas........	»	»	» »

2

1862. *Même type, avec CC couronné, en filigrane, piq. 13.*

Neufs. Oblitér.

5. 1 penny brun rouge. » 50 » »
6. 1 » rouge vif.. » 25 » »
7. 4 pence rose....... 1 » » 50
8. 6 » lilas...... » » » »
9. 6 » lilas foncé. 1f50 » 50

10. 1 shil. vert (type différent), piq. 14. 2f50 » 50

BARBADE.

1852. *Déesse assise, couleur sur papier bleu.*

1. Vert............ » » 5f »
2. Bleu............ » » 10f »
3. Rouge.......... » » 3f »

Mêmes timbres, papier blanc.

4. Vert............ » » 1f »
5. Bleu............ » » 1f »
6. Bleu foncé...... » » 2f »

1861. *Mêmes timbres, piq. 14, 14 1/2, 15 1/2.*

6a. Vert jaune........ » » » 75
7. Vert............ » 15 » 10
8. Bleu............ » 25 » 10
9. Rouge........... » » » 75
10. Rouge foncé....... » » » 75

Même type, non dent. val. indiquée.

11. 6 pence rouge...... » » 3f »
12. 1 shil. noir....... » » 2f »

1864. *Mêmes timbres, piq. 14, 15 1/2.*

13. 6 pence carmin.... » » » 75
14. 6 » rouge orangé » » » 35
15. 1 shill. gris noir.... » » » 35

BAVIÈRE.

1849. *Chiffre dans un carré.*

Neufs. Oblitér.

1. 1 kr. noir s. blanc. » » 5f »

1850. *Chiffre dans un rond, couleur sur blanc, Dick.*

2. 1 kr. rose........ » 75 » 15
3. 1 » rose clair... » 75 » 15
4. 3 » bleu........ » 75 » 10
5. 3 » bleu pâle... » 75 » 05
6. 6 » brun........ » 75 » 10
7. 6 » brun pâle... » 75 » 05
8. 9 » vert........ 1f » » 10
9. 9 » vert jaune.. 1f » » 05
10. 12 » rouge....... 2f » » 35
11. 18 » jaune....... 2f50 » 75

1862. *Mêmes timbres.*

12. 1 kr. jaune....... » 15 » 10
13. 3 » rose........ » 25 » 10
14. 3 » rose pâle... » 25 » 05
15. 6 » bleu........ » 50 » 10
16. 6 » bleu pâle... » 50 » 1C
17. 9 » brun........ » 75 » 10
18. 9 » brun clair... » 75 » 10
19. 12 » vert........ 1f » » 15
20. 18 » rouge....... 1f25 » 25

1867-68. *Armoiries en relief, couleur sur blanc, Dick.*

37. 1 kreut. vert....... » 25 » 10
37a. 1 » vert bleu.. » 25 » »
38. 3 » rose ...... » 35 » 05
39. 6 » bleu ...... » » » 25
40. 9 » bistre ..... 1f25 » 35
41. 12 » lilas ...... 1f » » 20
42. 18 » rouge ..... 1f50 » 50
46. 6 » bistre..... » 75 » 15
47. 7 » bleu vif... » 75 » 10

1862. POST-TAXE (CHIFFRE-TAXE).

Neufs. Oblitér.
21. 3 kr. noir s. blanc. » 75 » »

1865. RETOURBRIEF (TIMBRES DE RETOUR).

22. Augsbourg. Noir s.
blanc. » 35 » »
23. Bamberg.   » » 35 » »
43. Munich.   » » 35 » »
44. Nuremberg.   » » 35 » »
45. Spire.   » » 35 » »
45a. Wursbourg.   » » 35 » »

1869. Comp. typographique, oblong.
45b. Regensbourg. Noir
s. blauc. » 35 » »
45c.   »   variété »   » 35 » »

ENVELOPPE.
1869. Armoiries, relief et coul.

48. 3 kr. rose........ » 25 » »
*Enveloppes portant un timbre noir
sur couleur, type des timbres
ordinaires, service du bureau cen-
tral aux succursales, 1850-62.*
24. 1 kr. gris........ 2f » » »
25. 3 » bleu........ 1f50 » »
26. 6 » marron...... 3f » » »
27. 9 » vert........ 4f » » »
28. 12 » rouge....... 5f » »
29. 18 » jaune....... 5f » » »
30. 1 » jaune...... 2f » » »

				Neufs.	Oblitér.	
31.	3 kr.	noir (taxe)..	5f	»	»	»
32.	3 »	rose........	1f50	»	»	»
33.	6 »	bleu........	2f	»	»	»
34.	9 »	fauve.......	4f	»	»	»
35.	12 »	vert........	3f	»	»	»
36.	18 »	gris rose....	5f	»	»	»

ESSAI D'ENVELOPPE.

Couleur et relief sur papier jaune.
A. bleu — B. brun — C. vert —
D. violet — E. rouge — F. jaune.
Chacun............... 3 fr.

BELGIQUE.

*1849. Effigie sans cadre, couleur
sur blanc, LL en filigrane.*

1. 10 cent. brun noir. » » » 35
2. 10 » brun clair. » » » 50
3. 20 » bleu...... » » » 15
4. 20 » bleu clair. » » » 50

*1850. Effigie dans un ovale, LL en
filigrane.*

5. 10 cent. brun...... » » » 50
6. 20 » bleu...... » » » 50
7. 40 » carmin.... » » » 75

1851. Même type, sans filigrane.

. 1 cent. vert foncé.. » 75 » »
9. 1 » vert....... » » » 25
10. 10 » noir....... » » » 25
11. 10 » brun noir.. » » » 10
12. 20 » bleu foncé. » » » 25
13. 20 » bleu....... » » » 10
14. 40 » carmin foncé » » » 25
15. 40 » carmin..... » » » 10

1863. Mêmes timbres, piq. 13, 14.

16. 1 cent. vert foncé.. » 20 » »

		Neufs.	Oblitér.
17. 1 cent.	vert clair...	» 25	» 10
18. 1 »	vert bleu...	» 25	» »
19. 10 »	noir.......	» »	» 25
20. 10 »	brun	» 35	» 05
21. 20 »	bleu foncé..	» »	» 10
22. 20 »	bleu	» 75	» 05
23. 40 »	carmin foncé	» »	» 25
24. 40 »	carmin.....	1f »	» 10

1865. Effigie à gauche, couleur sur papier blanc glacé, piq. 15.

25. 10 cent. gris......	» 35	» 05
26. 20 » bleu......	» 75	» 05
27. 30 » bistre.....	» 75	» 05
28. 40 » carmin....	1f »	» 10
29. 1 franc lilas......	1f75	» 15

Les mêmes en couleurs plus foncées, les mêmes sur papier épais.

1869. Léopold II. couleur sur blanc, piq. 15.

30. 10 cent. vert.......	» 20	» 05
31. 20 » bleu	» 40	» 05
32. 30 » jaune.....	» 60	» 05
33. 40 » carmin....	» 80	» 10
34. 1 franc violet.....	1f50	» 15

POUR JOURNAUX.
1866. Armoiries, piq. 15.

35. 1 cent. gris........	» 20	» »
36. 1 » gris non piq.	» 50	» »
37. 2 » bleu.......	» 15	» »
38. 5 » brun.......	» 20	» 10

1869. Chiffre, coul. s. blanc, piq. 15.

39. 1 cent vert........	» 05	» »
40. 2 » bleu.......	» 10	» »
41. 5 » jaune.......	» 10	» »
43. 8 » violet......	» 20	» 10

1865. Timbres de télégraphe.

	Neufs.	Oblitér.
44. 50 cent. gris.......	1f50	» »
45. 1 franc vert.......	3f »	» »
46. ovale relief 50 c. jaune	1f »	» »

ESSAIS.

Essai. Genre du type de 1850, impr. en taille douce, couleurs différentes, chacun........... 2f » »

Concours de 1865. 10 essais différents, imprimés chacun en plusieurs couleurs, chacun 1f » »

1865. Armes de Belgique, couleurs différentes........ ..... 1f » »

BERGEDORF (près Hambourg).
1861. Armoiries, papier de couleur.

1. 1/2 sch. noir s. violet	» »	» »
2. 1/2 » noir s. bleu.	» 15	» »
3. 1 » noir s. blanc	» 20	» »
4. 1 1/2 » noir s. jaune	» 25	» »
5. 3 » noir s. rose.	» »	» »
6. 3 » bleu s. rose.	» 25	» »
7. 4 » noir s. fauve	» 25	» »
La collection de 5 timbres...............	» 75	» »

1867. Réimpression des deux anciens.

1 bis. 1/2 noir sur violet	5f »	» »
2 bis. 3 noir sur rose.	5f »	» »

BERMUDE (Amérique).

1865. *Effigie, couleur sur blanc. CC en filig., piq. 14.*

		Neufs.	Oblitér.
1. 1 penny rose......	» 25	» 15
2. 2 pence bleu......	» 50	» »
3. 6 » lilas......	1ʳ50	» 50
4. 1 shill. vert......	2ʳ50	» 75

BOLIVAR (Nouvelle-Grenade).

1867. *Couleur sur blanc.*

1. 10 cents rouge....	»	»	»	»
2. 10 » vert......	»	»	»	»
3. 1 peso rouge......	»	»	»	»

BOLIVIE.

1868. *Aigle, couleur sur blanc.*

1. 5 cent. vert........	» 75	»	»
2. 50 » jaune.......	4ʳ	»	»
3. 100 » bleu......	»	»	»
4. 5 » violet........	»	»	»
5. 10 » brun.......	»	»	»
7. 50 » bleu........	»	»	»
8. 100 » vert........	»	»	»

1868. *Armoiries, bien gravés coul. sur blanc, piq. 12.*

| 9. 5 cent. vert........ | » 75 | » » |
| 10. 10 » vermillon . | 1ʳ25 | » 50 |

		Neufs.	Oblitér.
11. 50 cent. bleu......	5ʳ	» 2ʳ »
12. 100 » jaune.....	10ʳ	» »
13. 500 » noir......	» »	» »

1864. Essai. Bordure de l'écu entouré de perles, impr. taille douce; A noir sur blanc..... » » »

1864. Essai. Type ci-dessus, B vert, C bleu, D rose, E bistre, G noir, chacun .... » 50 » »

1867. Essai. Montagne dans un cercle; G brun .... » » » »

BRÊME.

1855. *Armoiries, non dentelés.*

1. 3 grote bleu.......	» 75	» »
2. 5 » rose........	» 75	» »
3. 7 » jaune.......	1ʳ	» »
4. 5 silb. vert........	2ʳ	» »

1861. *Mêmes timbres, perc. en scie.*

5. 2 grote orangé	1ʳ50	» »
6. 2 » orangé pâle.	1ʳ50	» »
7. 3 » bleu.......	1ʳ50	» »
8. 5 » rose	1ʳ50	» »
10. 10 » blanc......	1ʳ50	» »
11. 5 silb. vert.......	» »	» »

1867. *Les mêmes, piq. 13.*

5b 2 grote orange....	» 35	» »
7b 3 » bleu......	» 35	» »
8b 5 » rose......	» 35	» »
9. 7 » jaune.....	» 35	» »
10b 10 » blanc.....	1ʳ	» »
11b 5 silb. vert........	1ʳ	» »

ENVELOPPES.
Stadt post-amt.

	Neufs.	Oblitér.
12. Noir sur bleu.....	» 25	» »
13. Noir sur blanc.....	» 25	» »
14. » avec le mot *franco* en bas de l'envel.	» 50	» »

TIMBRE DE FRANCHISE DE L'ADMINISTRATION DES POSTES

Armoiries, rond festonné.

15. Noir sur bleu......	2f »	» »

BRÉSIL.

1843. Grands chiffres, noir sur papier jaunâtre ou légèrement azuré.

1. 30 reis noir........	» »	2f 50
2. 30 » noir s. azuré.	» »	4f »
3. 60 » noir........	» »	1f 25
4. 60 » noir s. azuré.	» »	2f »
5. 90 » noir........	» »	8f »
6. 90 » noir s. azuré.	» »	8f »

1844. Chiffres italiques, noir sur papier jaunâtre.

7. 10 reis noir........	» »	» 25
8. 30 » noir........	» »	» 25
9. 60 » noir........	» »	» 25
10. 90 » noir........	» »	» 75
11.180 » noir........	» »	15f »
12.300 » noir........	» »	20f »
13.600 » noir........	» »	15f »

Les mêmes, papier azuré.

	Neufs.	Oblitér.
14. 10 reis noir......	» »	» 35
15. 30 » noir......	» »	» 35
16. 60 » noir......	» »	» 35
17. 90 » noir......	» »	» »
18.180 » noir......	» »	» »
19.300 » noir......	» »	» »
20.600 » noir......	» »	» »

1850. Petits chiffres droits, noir sur blanc.

21. 10 reis noir......	1f »	» 50
22. 20 » noir......	» 50	» 35
23. 30 » noir......	» 35	» 10
24. 30 » gris noir...	» 35	» 15
25. 60 » noir......	» 40	» 10
26. 60 » gris noir...	» 40	» 10
27. 90 » noir......	» 75	» 25
28. 90 » gris noir...	» 75	» 35
29.180 » noir......	1f 25	» 35
30.300 » noir......	2f »	» 50
31.600 » noir......	3f »	» 35

1854-61. Même type, couleur sur blanc.

32. 10 reis bleu......	» 35	» 15
33. 10 » bleu pâle...	» 25	» 15
34. 30 » bleu......	» 35	» »
35. 30 » bleu pâle..	» 35	» »
36.280 » rouge......	2f »	» 35
37.430 » jaune......	3f »	» 75

1866. Tous les timbres de 1850 à 1861, sauf le 10 reis noir, ont été piq. 13 1/2.

1866. Effigie de l'empereur, types variés, piq. 12.

38. 10 reis rouge......	» 15	» 10
39. 20 » violet......	» 50	» 25
39 b 20 » lie de vin...	» 25	» 10

Neufs. Oblitér.

40. 50 reis bleu....... » 35 » 15
41. 80 » lilas....... » 50 » 25
42.100 » vert....... » 75 » 10
43.200 » noir....... 1f25 » 15
44.500 » jaune...... 3f » » 35

1868. *Les mêmes, sur papier bleu.*

ENVELOPPES.

1867. *Relief et couleur sur blanc.*

45.100 reis vert....... » 75 » »
46.200 » noir....... 1f50 » »
47.300 » rouge..... 2f » » »

1870. TIMBRES-TÉLÉGRAPHE. *Machine télégraphique, couleur sur blanc.*

48. 200 reis vert..... 1f50 » 35
49. 500 » rose..... 3f » 35
50.1000 » bleu..... 5f » » 35
La collection.... » » 1f »

✱BRESLAU (PRUSSE).

1867. *Noir sur couleur, perc. li.*

1. 1/2 silb. jaune.... » 10 » »
2. 1 » rose..... » 10 » »
3. 11/2 » vert..... » 10 » »
4. 2 » bleufoncé » 10 » »
5. 21/2 » orange.. » 10 » »
6. 5 » violet... » 10 » »

1867. *Deuxième type, noir sur couleur, per. li.*

Neufs.Oblitér.

7. 1/2 silb. jaune.... » 10 » »
8. 1 » rose..... » 10 » »
9. 11/2 » vert..... » 10 » »
10. 2 » bleu..... » 10 » »
11. 21/2 » orangé... » 10 » »
12. 5 » violet.... » 10 » »
La collection de 12.... 1 fr.

BRUNSWICK (DUCHÉ).

1852. *Cheval, couleur sur blanc.*

1. 1 silb. rose........ » » 2f50
2. 2 » bleu........ » » 1f50
3. 3 » rouge...... » » 2f50

1853-61. *Même type, noir sur couleur, cor en filig.*

4. 1/4 silb. brun...... » » » 75
5. 1/3 » blanc..... » 75 » »
5b.1/3 » blanc (dentelé).... » » » »
6. 1/2 » vert...... » 10 » »
7. 1/2 » vert (dentelé).... » » » »
8. 1 » jauneclair. » 75 » 25
9. 1 » orangé.... » » » 35
10. 2 » bleu..... » 75 » 35
10b.2 » bleu (dentelé).... » » 1f »
11. 3 » rose...... » » 1f25

Les 1/3, 1/2 et 2 silb. sont percés en arc, percés en ligne, ou piq. 42.

1857-68. *Chiffre 1/4 couronné, cor en filig.*

13. 4/4 gut. noir s.brun. » 35 » »
38. 4/4 » brun s.blanc » 10 » »

1862-64. *Cheval, couleur sur blanc, cor en filig., per. arc.*

14. 1 silb. jaune...... 1f » » »
15. 3 » rose(non per) 2f50 » »
16. 3 » rose........ 2f50 » 75

1866. Ovales, cheval, relief et couleur sur blanc, percés en arc.

Neufs. Oblitér.

17. 1/3 grosch. noir..... » 15 » »
19. 1 grosch. rose..... » 10 » »
20. 2 » bleu.... » 10 » »
21. 3 » bistre... » 10 » »

ENVELOPPES.

1855. Cheval, relief et coul. sur blanc

22. 1 gr. jaune........ 1f » » »
23. 1 » jaune orangé.. 1f50 » »
24. 2 » bleu pâle.... 1f50 » »
25. 2 » bleu vif. .... 2f » » »
26. 3 » rose........ » » » »
27. 3 » carmin...... 2f » » »

1866. Petit ovale, cheval, relief et couleur sur blanc.

28. 1 gr. rose........ » 50 » »
29. 2 » bleu........ 1f » » »
30. 3 » bistre........ » 50 » »

1852. Rond, frappé à main:

STADT-POST FR.

31. Rouge sur blanc... » 35 » »
32. Rouge sur gris..... » » » »
33. Rouge sur bleu.... » » » »
34. Rouge sur rose..... » » » »
35. Rouge sur jaune... » » » »
36. Rouge sur vert..... » » » »
37. Rouge sur lilas..... » » » »

Cartons mandats de poste, type de 1866, couleur sur couleur.

39. 1 gr. rose .... » 25 » »
40. 2 » bleu........ » 25 » »

BUÉNOS-AYRES.

1858. Vaisseau, couleur sur blanc.

1. 1 peso brun...... . » » 10f »
2. 1 » café........ » » 15f »
3. 1 » bleu foncé... » » 3f »
4. 1 » bleu........ » » 3f »
5. 2 » bleu........ » » 3f 50

Neufs. Oblitér.

6. 3 » vert....... » » » »
7. 4 » rouge...... » » » »
8. 5 » jaune...... » » » »
9. reales brun...... » » 15f »

1859-62. Tête de la Liberté, impr. en couleur.

10. 1 peso bleu foncé.. » » » 75
11. 1 » bleu clair.. 1f » » 75
12. 1 » rose....... » » 1f25
13. 2 » bleu....... 2f » 1f »
14. 2 » rouge...... » » 2f »
15. 4 » verts. bleu. » » 2f »

ESSAI (très-rare).

CACHEMIRE.

1866. Ronds, imprimés sur papier mi-blanc, vergé.

1. 1/2 anna noir..... 5f » » »
2. 1 » bleu..... 5f » » »
3. 4 anna rouge... 5f » » »

1866-67. Rectangulaires même impression.

4. 1/4 anna noir..... » 25 » »
5. 1/2 » noir..... » » » »
6. 1/2 » bleu..... » 35 » »
7. 1 » noir..... » » » »
8. 1 » bleu..... » » » »
9. 1 » r. orange. » 75 » »
10. 2 » jaune.... 1f50 » »
11. 4 » vert...... 3f » » »
12. 8 » vermillon 4f » » »

Ces timbres sont imprimés très-grossièrement et avec des couleurs à l'eau.

CANADA.

1851. *Types divers, couleur sur blanc.*

			Neufs.	Oblitér.
1.	1/2 penny rose (reine)	»	»	2f50
2.	1/2 penny rose (reine) piq. 12 ..	»	»	» »
3.	3 pence brun (castor)	3f »	»	50
4.	3 » rouge (id.).	» »	»	50
5.	3 » rouge (id.), piq. 12 ..	» »		1f50
6.	6 » violet clair (pr. Albert)	» »	6f	»
7.	6 » violet noir (pr. Albert)	» »	6f	»
8.	6 » violet noir id. piq. 12	» »	»	»
9.	7 » 1/2 vert (reine)..	» »	6f	»

10.	10 » bleu (J. Cartier)...	» »	5f	»
11.	10 » bleu foncé (J. Cartier)	» »	5f	»
12.	12 » noir (reine)	» »	»	»

1860. *Mêmes types, valeur en cents, piq. 12.*

13.	1 cent. rose (reine)	» 25	» 10
14.	1 » rose foncé (r.)	» »	» 25
15.	2 » rose (reine).	» »	» 35
16.	5 » rouge (castor)	50	» 05
17.	10 » violet (pr. Albert)..	1f25	» 20
18.	10 » violet foncé (pr. Albert	» »	» 35
19.	12 c. 1/2 vert (reine)	1f50	» 25
20.	17 » bleu (J. Car.)	1f75	» 60
21.	17 » bleu foncé (J. Cartier)...	» »	» 60

1868. *Effigie, coul. s. blanc, piq. 12.*

			Neufs.	Oblitér.
30.	1/2 cent. noir.....	» 10	»	»
31.	1 » orange...	» 50	»	15
32.	1 » jaune....	» 25	»	15
33.	2 » vert	» 25	»	15
34.	3 » rouge....	» 40	»	05
35.	6 » brun.....	» 75	»	25
36.	12 1/2 » bleu.....	1f25	»	25
37.	15 » violet....	1f50	»	35

ENVELOPPES.

1860. *Ovales, reine, relief et couleur sur blanc.*

| 22. | 5 cents rouge...... | 2f » | » » |
| 23. | 10 » brun...... | 4f » | » » |

Les mêmes, papier jaune (Essais?).

| 24. | 5 cents rouge...... | 2f50 | » » |
| 25. | 10 » brun...... | 2f50 | » » |

? OFFICES PARTICULIERS.

Bell's dispatch. Montreal, armoiries

26.	2 cents noir......	» 10	» »
27.	2 » bleu......	» 10	» »
28.	2 » rose......	» 10	» »

1865. *Bancroft's city exp., effigie.*

Neufs. Oblitér.

29. 5 cents bleu...... » » » »

CAP DE BONNE-ESPÉRANCE.

1853-65. *Triangulaires, gravés en taille-douce, ancre en filig.*

1.	1 penny	brique(pap. bleuté)..	»	»	» 75
2.	1 »	brique(pap. blanc)....	»	»	» 50
3.	1 »	carmin clair	» 75	»	»
4.	1 »	rouge brun	» 75	»	50
5.	4 pence	bleu (pap. bleuté)..	»	»	1f50
6.	4 »	bleu(papier blanc)...	1f50	»	25
7.	4 »	bleu foncé	»	»	» 50
8.	6 »	violet.....	»	»	1f50
9.	6 »	lilas......	2f50		1f50
10.	6 »	lilas clair.	»	»	1f50
11.	1 shil.	vert foncé.	»	»	1f50
12.	1 »	vert......	»	»	1f50
13.	1 »	vert d'eau.	»	»	2f »

1861. *Triangulaires, gravés grossièrement sur bois (dits lithographiés).*

14.	1 penny	rose......	»	»	» »
15.	1 »	rouge.....	»	»	10f»
16.	1 »	bleu......	»	»	» »
17.	4 pence	bleu......	»	»	4f»
18.	4 »	bleu foncé.	»	»	6f»
19.	4 »	rouge.....	»	»	» »

1863-65. *Rectangulaires, couleur sur blanc, dentelés, CC en fil. piq. 14.*

Neufs. Oblitér.

20.	1 penny	rose......	» 25	»	10
21.	4 pence	bleu......	1f »	»	05
22.	6 »	lilas......	2f »	»	25
23.	1 shill.	vert......	2f50	»	20

1868. *Même timbre, valeur en surcharge rouge (provisoire).*

24.	4 pence	lilas......	1f50	»	20

CEYLAN.

1857. *Reine, types divers, non dentelés, étoile en filigrane, rectangulaires.*

1.	1/2 penny	lilas (pap. bleui)..	»	»	1f50
2.	1/2 »	lilas (pap. blanc).	1f 50	»	»
3.	1 »	bleu.....	»	»	» 50
4.	2 pence	vert.....	»	»	» 75
5.	5 »	brun clair	»	»	2f50
6.	6 »	brun....	»	»	2f50
6b	6 »	brun sur bleu...	»	»	3f »
7.	6 »	brun clair	»	»	2f50
8.	10 »	rouge....	5f »	»	»
9.	1 shill.	lilas.....	»	»	3f »

Idem, octogones.

10.	4 pence	rouge.....	»	»	» »
11.	8 »	marron...	»	»	» »
12.	9 »	brun.....	»	»	» »

		Neufs.	Oblitér.
13. 1 sh. 9 pence vert.	8f »	5f »	
14. 2 » bleu.	» »	5f »	

Les mêmes, piq. 15, 15 1/2, 14 1/2, 14.

		Neufs.		Oblitér.	
15. 1/2 penny lilas (sans filigrane)	1f »	» »
16. 1 » bleu.....	» »	» 50
17. 1 » bleu (s. fi-ligrane)	» »	» »
18. 2 pence vert.....	» »	1f »
19. 5 » brun clair	» »	» 75
20. 6 » brun.....	» »	» 75
21. 6 » brun (s. fi-ligrane)	» »	» »
22. 10 » rouge...	» »	1f »
23. 1 shill. lilas.....	» »	» 75

Idem, octogones.

	Neufs	Oblitér.
24. 4 pence rouge.....	» »	1f 75
25. 8 » marron,....	» »	» »
26. 9 » brun......	» »	2f »
27. 9 » brun (s. fi-ligrane).	» »	» »
28. 1 sh. 9 p. vert......	» »	» »
29. 2 shill. bleu......	» »	3f 50

Mêmes timbres avec CC et couronne en filigrane, piq. 12 1/2.

	Neufs	Oblitér.
30. 1/2 penny lilas....	» 35	» 25
31. 1 » bleu....	» 50	» 20
32. 2 pence vert.....	1f »	» 50
32 b 2 » vert clair	» »	» »
33. 4 » rose....	1f 50	» 75
34. 5 » brun cl..	» »	» »
35. 6 » brun cl..	2f »	» 50
36. 6 » brun fonc.	2f »	» 50
37. 8 » marron.	3f »	1f 50
38. 9 » brun....	3f »	1f 50
39. 10 » rouge...	3f »	1f »
39 b 10 » orangé..	3c »	1f »
40. 1 shill. violet vif	3f 50	» 50
42. 2 » bleu....	6f »	» 75
53. 2 pence jaune brun.	1f 25	» 50
54. 5 » vert.......	2f »	» 75

1867. Timbre carré, piq. 12 1/2.

	Neufs	Oblitér.
55. 3 pence rose.......	1f 25	» 50

1869. Couleur s. blanc, piq. 12 1/2.

	Neufs.	Oblitér.
56. 1 penny bleu......	» 35	» 15

ENVELOPPES.

1861. Reine, relief et couleur sur blanc.

	Neufs.			
43. 1 penny bleu......	» 50	»	»
44. 2 pence vert......	1f »	»	»
45. 4 » rose......	2f 50	»	»
46. 5 » brun......	3f 50	»	»
47. 6 » brun.....	4f »	»	»
48. 8 » brun.....	4f »	»	»
49. 9 » violet.....	4f »	»	»
50. 1 shill. jaune.. ..	6f »	»	»
51. 1 sh. 9 p. vert.......	7f »	»	»
52. 2 shill. bleu......	10f »	»	»

1869. Idem, papier azuré.

	Neufs.			
57. 6 pence brun.....	4f »	»	»
58. 10 » rouge....	4f »	»	»

CHILI.

1852. Christophe Colomb, coul. sur papier bleu, chiffre en filig.

	Neufs	Oblitér.
1. 5 cent. brun......	» »	1f 50

Même type, papier blanc, même fil.

	Neufs	Oblitér.
3. 1 cent. jaune......	» 50	» »
4. 5 » brun.......	2f »	» 75
5. 5 » rouge.......	» 50	» 25
6. 10 » bleu foncé..	» »	» 75
7. 10 » bleu.......	1f »	» 35
8. 20 vert foncé......	» »	1f 25
9. 20 vert............	2f »	1f »

1867. *Mieux gravés, couleur sur blanc, piq. 12.*

			Neufs.	Oblitér.
10. 1 cent. orange....	» 15	» »
11. 2 » noir......	» 25	» »
12. 5 » rouge.....	» 50	» 10
13. 10 » bleu......	1f »	» 50
14. 20 » vert......	2f »	» 50

COLOMBIE BRITANNIQUE.

1865. *V et ornements, couleur sur blanc, piq. 14.*

1. 3 pence bleu...... 1f50 » »

1868. *Même type avec la valeur surchargée en couleur.*

2. 2 cents. brun..... » 75 » »
3. 5 » orange... 1f50 » »
4. 10 » rose..... 3f » » »
5. 25 » jaune..., 4f » » »
6. 50 » violet.... 7f » » »
7. 1 dollar vert..... 14f » » »

1868. *Grands timbres de la Comp. Dietz et Nelson's, imprimés noir sur rouge glacé. Valeur non indiquée. Dimensions différentes.*

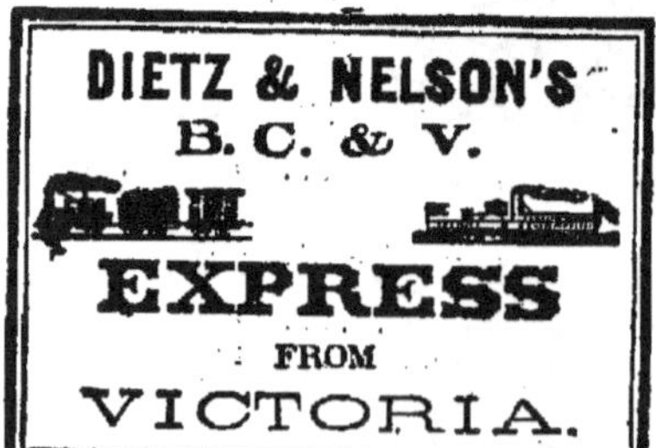

8. Rouge, avec vignette. » » » »

		Neufs.	Oblitér.
9. Rouge sans vignette.	» »	» »
10. » »	» »	» »
11. » »	» »	» »

COLOMBIE et VANCOUVER.

1861. *Reine, couleur sur blanc, non dentelé.*

1. 2 1,2 pence rose pâle » » » »

Même, piq. 14.

2. 2 1/2 pence rose pâle. 2f » » »
3. 2 1/2 » rose brun 2f » » »

COLONIES FRANÇAISES.

1860-66. *Aigle dans un rond.*

1. 1 cent. olive...... » 10 » »
2. 5 » vert........ » 25 » »
3. 10 » jaune...... » 35 » 10
4. 20 » bleu....... » 75 » 25
5. 40 » orangé..... 1f25 » 15
6. 80 » carmin... 2f » » 25

Voir Nouvelle-Calédonie et Ile de la Réunion.

COMPAGNIE DANUBIENNE.

1866. *Valeur dans un ovale, coul. sur blanc, piqués 9 1/2 et 12.*

1. 10 soldi lilas........ 1f » » »
2. 17 » rouge..... 1f50 » »
3. 10 » vert....... » » » 50
4. 10 » rouge...... 2f » » »

*COMPAGNIE DE NAVIGATION A VAPEUR DE SAXE ET BOHÊME.

1868. Oblong, bateau, noir et coul. sur blanc, piq.

Neufs. Oblitér.

1. 1 gros. bleu....... » 15 » »
2. 2 » rose....... » 15 » »
3. 3 » doré....... » 15 » »

COMPAGNIE RUSSE DE NAVIGATION DU LEVANT.

1864. Grand timbre, armoiries russes.

1 6 kop. bleu pâle... » » » »
1b 6 » bleu foncé.. 2f » » »

1865. Petit format, vaisseau.

2. Rouge brun, 20 paras » 50 » »
3. Rouge foncé........ » 75 » »
4. Bleu, 3 piastres.... 3f » 1f »

Les mêmes sur papier mince.

1868. Chiffre, inscription russe, piq. 12.

Neufs. Oblitér.

5. 1 kop brun....... » 15 » 10
6. 3 » vert....... » 25 » 15
7. 5 » bleu....... » 50 » 25
8. 10 » carm. et vert 1f » » 25

CORRIENTES (Rép. Argentine).

1856. Liberté, noir sur couleur.

1. 1 real M. C. bleu... 20f » » »
2. Sans valeur bleu... 2f 50 » »
3.   »   vert... 5f » » »
4.   »   vert bleu 4f » » »
5.   »   jaune.. 3f » » »

Nota. Les feuilles sont composées de 8 timbres de types différents.

COSTA-RICA (Amérique).

1863. Une baie, navire, etc., coul. sur blanc, non piqués.

1. 1/2 real bleu...... » » » »
2. 2 » rouge..... » » » »

Les mêmes, piq. 12.

		Neufs.	Oblitér.
3. 1/2 real bleu......	1f »	» 75
4. 2 » rouge.....	2f 50	» 75
5. 4 » vert......	5f »	2f »
6. 1 peso orangé....	10f »	3f »

CUBA ET AUTRES COLONIES ESPAGNOLES.

1855. Reine d'Espagne, couleur sur bleuté, boucles en filigrane.

1. 1/2 real pl. vert noir	»	»	1f »
2. 1/2 » verdâtre	»	»	1f »
3. 1/2 » vert bleu	»	»	1f »
4. 1 » vert ...	1f 50	» 50
5. 1 » vert jaune	»	»	» 50
6. 2 » carmin.	3f »	1f »
7. 2 » brun rouge.	»	»	» 75
8. 2 r. Y 1/4 carmin.	»	»	10f »

1856. Mêmes timbres, papier mi-blanc, lignes droites croisées en filigrane.

9. 1/2 real pl. jaunâtre	»	»	1f »
10. 1/2 » vert bleu	»	»	» 75
11. 1 » vert....	»	»	1f »
12. 1 » vert jaune	»	»	1f »
13. 2 » rouge pâle	»	»	1f »

1857. Mêmes timbres, papier blanc.

14. 1/2 real pl. bleu vert	»	»	» 50
15. 1/2 » bleu....	» 50	» 10
16. 1/2 » bleu pâle	» 75	» 25
17. 1/2 » bleu (type différ.)	»	»	» »
18. 1 » vert jaune	»	»	» 50
19. 1 » vert....	» 50	» 10
20. 1 » vert clair	»	»	» 25
21. 1 » vert (type différ.)	»	»	3f »
22. 2 » rouge..	1f »	» 25
23. 2 r. Y 1/4 rouge..	3f »	» »

1864. Réimpression des timbres de 1857.

15 b 1/2 real bleu.....	1f 50	» »
19 b 1 » vert.....	1f 50	» »
22 b 2 » carmin....	1f 50	» »

et autres couleurs de fantaisie.

Type semblable aux Espagne 1860.

Neufs. Oblitér.

24. 1/4 real pl. noir s. bl.   2f 50   »   »

1864. Reine, type semblable aux Espagne 1864.

25. 1/4 real pl. noir sur jaune.	1f »	» »
26. 1/2 vert sur rose..	1f 25	» 50
27. 1 » bleu sur chair.	1f 50	» 50
28. 1 » bleu foncé s. chair	» »	» 50
29. 2 » rouge s. chair.	2f 50	1f 50

1866. Même type, millésime.

30. 5 cent. lilas.......	1f 50	»
31. 10 » bleu.......	1f 50	» 50
32. 20 » vert.......	2f 50	» 50
33. 40 » rose.......	» »	» »
34. 1/4 real pl. jaune de 1864, surchargé du chiffre noir 66...,	1f 50	» »

1867. Même type, millésime, piq. 14.

35. 5 cent. lilas......	1f »	» »
36. 10 » bleu......	1f 50	» 50
37. 20 » vert......	2f »	» 50
38. 40 » rose......	» »	» »

1868. *Effigie,* ULTRAMAR *en haut coul. s. blanc, piq.* 14.

		Neufs.	Oblitér.
39. 5 cent. lilas.......	» 50	»	»
40. 10 » bleu......	1f50	» 35
41. 20 » vert.......	2f50	» 35
42. 40 » rose.......	» »	» »

1869. *Mêmes timbres.*

43. 5 cent. rose.......	1f »	» »
44. 10 » bistre......	1f25	» 35
45. 20 » jaune......	2f »	» 35
46. 40 » violet......	4f »	» »

1869. *Même série avec, en surcharge noire :* HABILITADO POR LA NA-CION.

TIMBRES-TÉLÉGRAPHE.

1868. *Type d'Espagne, piq.* 14.

47. 500 mil. de esc. noir sur jaune.....	3f »	» »
48. 1 escudo, orange sur bleu.........	6f »	» »

DANEMARK.

1851. *Chiffre. couleur sur blanc, couronne en filig. pour tous les timbres.*

1. 2 rigsb. bleu......	» »	1f »

1851. *Armoiries* FIRE RBS *en bas.*

2. 4 rigsb. brun foncé.	» »	» 15
3. 4 » brun......	» »	» 10
4. 4 » brun jaune.	» »	» 25

1851-53. *Même type, chiffre en bas, fond sablé.*

5. 2 skil. bleu.......	» 25	» 15

		Neufs.	Oblitér.
6. 2 skil. bleu, piq. 11	» »	» »
7. 4 » brun.......	» »	» 15
8. 4 » brun clair..	» »	» 10
9. 8 » vert......	» 75	» 25
10. 10 » lilas......	1f50	» 50
11. 16 » lilas(per. li)	» »	1f »

1858. *Même type, fond ondulé.*

12. 4 skil. brun clair..	» 50	» 15
13. 4 » brun.......	» 50	» 10
14. 4 » brun(per. li.)	» 75	» »
15. 8 » vert.......	1f »	» 35
15b 8 » vert,percé li.	3f »	» »

1864. *Ovales, couleur sur blanc, piq.* 13.

16. 2 skil. bleu........	» 20	» 10
17. 3 » lilas........	» 25	» 10
18. 4 » rouge.......	» 50	» 05
19. 4 » rose........	» »	» 25
20. 8 » bistre.......	1f »	» 25
21. 16 » gris-vert....	1f25	» 25

ENVELOPPES.

1864. *Relief et couleur sur blanc.*

22. 2 skil. bleu........	» 35	» »
24. 4 » rouge......	» 75	» »

Les mêmes, sans S après le chiffre.

23. 2 skil. bleu........	» 25	» 15
25. 4 » rouge........	» 40	» 10

TIMBRES DE JOURNAUX.

Couleur sur blanc, piq. 12.

Neufs. Oblitér.

29. 5 pund, 8 sk. bleu . » 75 » »
30. 10 » 12 » brun. 1f » » »

Même genre, DE JYDSK FYENSKE JERNBANER.

31. 8 skil. vert .... 1f » » »
32. 12 » rouge...... 1f25 » »

ESSAIS.

Profil du roi à droite.

A. brun, burelé bleu .. » 25 » »

Tête de mercure à gauche.

B. brun, burelé bleu .. » 25 » »

DEUX-SICILES.

1858. NAPLES, *trinacrie, fleur de lis en filig.*

1. 1/2 grano rose..... 2f » 1f »
2. 1/2 » » foncé 2f » 1f25
3. 1 » rose.... 1f » » 15
4. 1 » » foncé 1f » » 20
5. 2 » rose..... 1f » » 10
6. 2 » » foncé 1f » » 10
7. 5 grana rose..... 3f » » 25
8. 5 » » foncé 3f » » 25
9. 10 » rose..... 3f » » 25
10. 10 » » foncé 3f » » 25

Neufs. Oblitér.

11. 20 grana rose.... 3f50 » 75
12. 20 » » foncé 3f50 » 75
13. 50 » rose..... 5f » » »
14. 50 » » foncé 5f » » »

1860. GOUVERNEMENT PROVISOIRE.
Même type.

15. 1/2 tornèse bleu... » » » »

Même gravure, avec croix de Savoie remplaçant la trinacrie.

16. 1/2 tornèse bleu... » » 15f

1861. NAPLES, province italienne.
Victor-Emmanuel, relief et couleur.

17. 1/2 torn. vert foncé. » 15 » »
18. 1/2 » vert...... » 15 » »
19. 1/2 grano bistre .... » 15 » »
20. 1 » noir..... » 15 » »
21. 2 » bleu..... » 15 » »
22. 5 » lilas..... » » » 50
23. 5 » rouge.... » 15 » »
24. 10 » jaune.... » 25 » »
25. 20 » citron.... » 25 » »
26. 50 » gris perle. » 50 » »
27. 50 » » clair. » 50 » »

Les mêmes, tête renversée.
Chaque.................... 1 fr.

1859. SICILE. Ferdinand II.

28. 1/2 grano orangé... » 50 » »
29. 1 » vert olive » 75 » »
30. 1 » vert brun. » » » 75
31. 2 » bleu pâle. » 50 » 25
32. 2 » bleu foncé » » » 50
33. 5 » vermillon » 50 » »
34. 5 » carmin... » 50 » »
35. 5 » rouge .... » 50 » »
36. 10 » bleu noir. » 50 » »
37. 10 » bleu sur
               bleu... » 50 » »

Neufs. Oblitér.

38. 20 grana noir violet   » 50   »   »
39. 50   »   chocolat..   1f »   »   »
40. 50   »   rouge bri-
          que....   1f »   »   »

ESSAIS.

DOMINICAINE (RÉPUBLIQUE).

1862. *Écusson, cadre formé d'un filet droit, noir sur couleur.*

1. 1/2 real rose......   10f »   »   »
1*b* 1   »   vert.......   »   »   »   »

1865. *Le même, filet imitant le dentelé.*

2. 1/2 real vert clair.   »   »   »   »
3. 1   »   brun.....   »   »   »   »
4. 1   »   paille.....   »   »   »   »

1866. *Même genre, plus long. Papier vergé, de couleur.*

4*b* 1/2 real jaune.....   »   »   3f   »
5. 1   »   vert clair.   2f »   1f50

1867-69. *Même type, papier mince.*

6. 1/2 real rose .....   2f50   »   »
7. 1/2 »   lilas......   3f »   »   »
8. 1/2 »   gris......   1f50   »   »
9. 1/2 »   jaune.....   »   »   »   »
10. 1/2 »   vert.......   »   »   1f50
11. 1   »   lilas......   »   »   1f50
12. 1   »   rose......   3f »   1f50

Même type, papier ordinaire.

Neufs. Oblitér.

13. 1/2 real rose......   3f »   »   »
14. 1   »   chair......   »   »   »   »
15. 1   »   vert......   »   »   »   »
16. 1   »   bleu......   2f »   »   »

ÉGYPTE.

1866. *Ornements divers, pyramide en filig., piq. 13.*

1. 5 paras vert.......   »   »   » 50
2. 10   »   brun......   »   »   » 50
3. 20   »   bleu......   »   »   » 50
4. 1 piastre violet, s. fil.   » 75   » 25
5. 2   »   jaune.....   1f50   » 50
6. 5   »   rose ......   2f »   »   »
7. 10   »   bleu foncé.   4f »   »   »

1867. *Sphinx, pyramide, piq. 14 1/2 croissant en filig.*

9. 5 paras, jaune.....   » 25   » 15
10. 10   »   violet.....   » 35   » 45
11. 20   »   vert......   » 50   » 25
12. 1 piastre, rose......   » 50   » 40
13. 2   »   bleu......   1f25   » 50
14. 5   »   brun.....   2f50   » 75

TIMBRES ADMINISTRATIFS.

Ces timbres donnent la franchise aux lettres au dos desquelles ils sont appliqués. Nous connaissons les suivants :

1° Service antérieur à la poste vice-royale, timbre rond, 39 mil. de diamètre, légendes : AMMINISTRA-

3

ZIONE DELLA POSTA EUROPEA IN EGITTO UFFIZZIO DI TAUTA.

Neufs. Oblitér.

15. Noir sur jaune..... » » » »

Même genre, 34 mil. de diamètre, inscription arabe au centre, légende : POSTE VICE REALI EGIZIANE *et en bas un nom de ville; encadrement extérieur, formé d'un simple filet, noir sur couleur :*

16. *Birket el sab* orange. » » 1ᶠ »
17. *Kafer Duar* bleu foncé. » » 1ᶠ »
18. *Samanud* vert clair.. » » 1ᶠ »
19. *Zifta* gris perle ..... » » 1ᶠ »

3° *Même genre 38 mil. de diamètre, encadrement extérieur formé de trois filets couleur sur blanc :*

20. *Abuhomus* marron... » 25 » »
21. *Atfe* bleu clair....... » 25 » »
22. *Alessandria* violet... » 25 » »
23. *Alessandria direzione generale* rose..... » 25 » »
24. *Benha* gris pâle..... » 25 » »
25. *Bilbes* ocre jaune... » 25 » »
26. *Birket-el-sab* vert bleu .... » 25 » »
27. *Constantinopoli* vermillon............ » 25 » »
28. *Konstantinopoli* vermillon .... » 25 » »
29. *Damanhour* vert clair. » 25 » »
30. *Damieta* indigo...... » 25 » »
31. *Galiub* vert......... » 25 » »
32 *Gedda* lilas........... » 25 » »
33. *Jbafi-Zajat* jaune... ▪ 25 » »
34. *Jeh-el barud* rouge pâle .... » 25 » »
35. *Jsmailia* vert.. ... » 25 » »
36. *Kafr-el dauar* jaune d'or........ .... » 25 » »
37. *Kafr-el-zayat* jaune vert .... » 25 » »

38. *Mahalla* jaune ocre.. » 25 » »
39. *Mahallat Roh* brun rouge........ ...... » 25 » »
40. *Mansura* violet vif... » 25 » »
41. *Minet-el-Gamh* rouge pâle .... » 25 » »
42. *Minet-el-Gamp* orange » 25 » »
43. *Porto Said* bleu ..... » 25 » »
44. *Samanud* vert de mer » 25 » »
45. *Scibin-el-Anater* brun rouge............ » 25 »
46. *Smirne* gris perle... » 25 »
47. *Suez* vert clair...... » 25 » »
48. *Tanta* lie de vin..... » 25 » »
49. *Teh-el-barud* rouge pâle .... » 25 » »
50. *Took* brique......... » 25 » »
51. *Zazazig* bleu pâle.... » 25 » »
52. *Zefta* vert olive..... » 25 »

3° *Même genre, légendes arabes et italiennes, excepté le nom des villes, sur fond ligné noir sur couleur :*

53. *Alessandria* noir sur rose .... » 25 » »
54. *Cairo* bleu clair ... » 25 » »

ESSAIS.

Types de 1866, couleurs officielles, papier sans filigrane, non piqués. La collection de 7 timbres 10ᶠ » . » »

1866. *Couleur sur blanc.*

A. bleu, B. vert, C. rouge, D. bistre, chaque.................. 50 c.

EQUATEUR.

1863. *Armoiries, couleur sur blanc.*

1. 1/2 réal bleu ...... 1ᶠ » » 35

			Neufs.	Oblitér.
2. 1	réal jaune.......		3f »	1f »
3. 1	» vert......		1f50 »	75

| 4. 4 | »   rose...... | 5f » | 2f50 |
| 5. 4 | »   rouge..... | 5f » | » » |

ESPAGNE.

1850. Reine Isabelle, dans un carré, couleur sur blanc.

1	6 cuartos	noir.....	» »	» 20
2.	12 »	lilas.....	» »	4f »
3.	5 réales	rouge....	» »	3f50
4.	6 »	bleu.....	» »	10f »
5.	10 »	vert....	» »	8f »

1851. Même effigie dans un ovale.

6.	6 cuartos	noir.....	» »	» 20
7.	12 »	lilas.....	» »	3f »
8.	2 réales	orangé...	» »	» »
9.	5 »	rose.....	» »	2f50
10.	6 »	bleu.....	» »	12f »
11.	10 »	vert.....	» »	4f »

1852. Même effigie, dans un rond.

12.	6 cuartos	rose.....	» »	» 25
13.	6 »	rose pâle.	» »	» 20
14.	12 »	lilas.....	» »	3f50
15.	12 »	brun.....	» »	3f50
16.	2 réales	orangé...	» »	» »
17.	5 réales	vert.....	» »	2f »
18.	6 »	vert bleu.	» »	8f »

1852-53. Ours montant sur un arbre.

			Neufs.	Oblitér.
19.	1 cuartos	bronzé...	10f »	» »
20.	3 »	bronzé...	» »	» x

1853. Effigie, dans un ovale.

21.	6 cuartos	rose.....	» »	» 20
22.	12 »	violet....	» »	3f »
23.	2 réales	orangé...	» »	» »
24.	5 »	vert.....	» »	2f »
25.	6 »	bleu.....	» x	10f »

1854. Armes.

26.	2 cuartos	vert......	» »	10f »
27.	4 »	carmin...	» »	» 15
28.	4 »	carmin sur bleuté..	» »	» 15
30.	6 »	carmin...	x »	» 15
31.	1 réal	noir bleu.	» »	1f »
32.	1 »	bleu pâle.	» »	1f »
33.	2 »	rouge....	» »	1f »
34.	5 »	vert.....	» »	1f »
35.	6 »	bleu.....	» »	10f »

1855. Reine dans un rond perlé, papier bleuté, boucles en filigrane.

 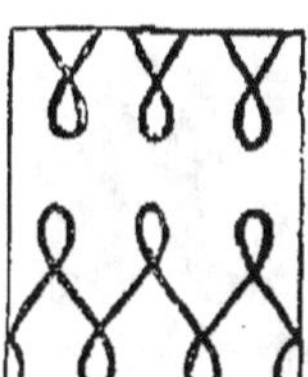

36.	2 cuartos	vert......	» »	1f50
37.	4 »	rouge....	» »	» 10
38.	4 »	brun.....	» »	» 15
39.	4 »	rouge (lithographié)	» »	» »
41.	1 réal	bleu...	» »	» 35
42.	2 »	brun.....	» »	» 15
43.	2 »	violet....	» »	» 15

1856. *Mémes timbres, papier blanc vergé, lignes droites croisées, en filigrane.*

Neufs. Oblitér.

44. 2 cuartos vert...... » » 2f »
45. 4 » rouge.... » » » 25
46. 1 réal bleu..... » » 1f »
47. 2 » violet..... » » » 15
48. 2 » brun..... » » » 15

1857. *Mémes timbres, papier blanc uni.*

49. 2 cuartos vert...... » » » 25
50. 2 » vert clair. » » » 25
51. 4 » rose pâle » » » 05
52. 4 » rose vif.. » » » 15
53. 12 » orangé... 5f » » 50
54. 1 réal bleu..... » » » 25
55. 2 » violet.... » » » 25

1860. *Méme effigie,* CORREOS *en haut.*

56. 2 cuartos vert...... 1f50 » 35
57. 4 » jaune.... » 75 » 05
58. 4 » orangé... » 75 » 10
59. 12 » rouge foncé » » » 10
60. 12 » rouge.... 1f50 » 10
61. 19 » brun..... 3f50 2f50
62. 1 réal bleu..... » 75 » 10
63. 2 » violet.... 2f » » 15
64. 2 » lilas..... 1f50 » 25

1862. *Méme effigie,* ESPAÑA *en haut.*

65. 2 cuartos bleu s. jaune » 50 » 25
66. 2 cuartos bleu s. jaune
67.   foncé.. » » » 25
68. 4 » brun foncé » 50 » 10
69. 4 » brun clair » » » 05

Neufs. Oblitér.

70. 12 » bleu..... 1f » » 15
71. 12 » bleu pâle. » » » 15
72. 19 » carmin s. bleuté. 3f » » »
73. 19 » carmin s. blanc. » » »•»
74. 1 réal brun sur jaune.. 1f » » 10
75. 2 » vert foncé » » » 10
76. 2 » vert clair. 1f25 » 10

1864. *Méme effigie, millésime.*

77. 2 cuartos bleu sur mauve. » 25 » »
78. 4 » rouge sur chair.. » 35 » 10
79. 12 » vert s. rosé » 50 » 10
80. 19 » violet sur rose... 2f » » »
81. 1 réal brun sur vert... » 75 » 20
82. 2 » bleu sur rose... 1f » » 20

1865. *Méme effigie.*

83. 2 cuartos rose...... 1f » » 25
85. 12 » bleu et rose 1f » » 25
86. 19 » brun et rose 2f » 1f »
87. 1 réal vert...... 1f50 » 15
88. 2 » violet.... 2f » » 10
88a 2 » rose..... 2f » » 10

1865. *Mémes timbres, piq. 14.*

89. 2 cuartos rose...... 1f50 » »
90. 4 » bleu..... » 50 » 10
91. 12 » bleu et rose 1f50 » 25
92. 19 cuartos brun et rose » » » »
93. 1 real vert..... » » » 25
94. 2 » violet.... » » » 50
94a 2 » rose..... » » •50

1866. *Méme effigie, piq. 14.*

95. 2 cuartos rose...... » 35 » »
96. 4 » bleu..... » 25 » 05
97. 12 » orangé... 1f25 » 50
98. 19 » brun..... 2f50 1f50

	Neufs.	Oblitér.
99. 10 cent. vert......	1ᶠ »	» 10
100. 20 » lilas.....	1ᶠ50	» 15

Août 1866. _Type de 1864, piq. 14._

101. 20 cent. lilas....	1ᶠ25	» 20

Janvier 1867. Piq. 14.

116. 2 cuartos brun...	» 50	» 25
117. 4 » bleu....	» 50	» 10
118. 12 » orange..	1ᶠ »	» 05
119. 19 » rose....	3ᶠ »	1ᶠ75
120. 10 cent. de esc. vert	1ᶠ »	» 15
121. 20 » violet...	1ᶠ »	» 10

Juillet 1867. Piq. 14.

122. 25 mill. de esc. bleu et rose.	» 50	» 25

123. 50 mill. de esc. brun	» 50	» 10

1868. _Dans les premiers jours de la révolution, des timbres ont paru avec l'inscription noire supplémentaire :_ HABILITADO POR LA NACION.

1868-69. _Mêmes timbres._

155. 19 cuartos brun...	» »	3ᶠ »
156. 25 mill. de esc. bleu	» 25	» 05
157. 50 » » violet	» 50	» 03

	Neufs	Oblitér.
158. 100 » » brun.	1 75	» 35
159. 200 » » vert..	1ᶠ »	» 25

1867. _Pour journaux, piq. 14._

124. 10 mil. de esc., brun	» 10	» 05
125. 5 » » vert	» 15	» 05

CORRESPONDANCE OFFICIELLE.

1854. _Armes dans un carré, noir sur couleur._

102. 1/2 onza jaune....	» 20	» »
103. 1 » rose......	» 20	» »
104. 4 » vert.....	» 20	» »
105. 1 libra lilas bleu.	» 20	» »

1855. _Armes dans un ovale._

106. 1/2 onza jaune ...	» 15	» »
107. 1/2 » paille....	» 10	» »
108. 1 » rose.....	» 25	» »
109. 1 » rose pâle.	» 10	» »
110. 4 » vert.....	» 25	» »
111. 4 » vert d'eau	» 25	» »
112. 1 libra bleu.....	» 75	» »
113. 1 » lilas.....	» 25	» »

TIMBRE DU CONGRÈS.

Grand ovale, correo senado armes, impr. à main, coul. sur blanc.

114. Bleu.............	» »	» »

Neufs. Oblitér.

115. Idem, SENADO, bleu » 50 » »
115 b Idem, SECRETARIA
    DEL SENADO, bleu » 50 » »

TIMBRES DE TÉLÉGRAPHE.

1864. Armes, couleur sur blanc.

130. 1 réal brun...... 3f » » »
131. 4 » rose...... 5f » » »
132. 16 » vert...... » » » »
133. 20 » noir....... » » » »
                                    »

1865. Reine, coul. sur teinté.

134. 1 réal bleu s. rosé 2f » » »
135. 4 » noir sur vert 3f » » »
136. 16 » rouge sur
        jaune.... » » » »
137. 20 » rose sur rosé » » » »

1865. Les mêmes sur blanc, piq. 14

138. 1 réal violet...., 2f » » »
139. 4 » bleu....... 2f50 » »
140. 16 » vert....... 7f » » »
141. 20 » rose....... 10f » » »

1866. Même type, millésime,
        piq. 14.

142. 10 cent. violet... 1f » » 35
143. 40 » bleu..... 2f » » 25
144. 1 esc. 60 c. vert... 6f » » 25
145. 2 » rose.. 7f » 2f 50

1867. Même type, piq.

146. 10 cent. violet... 1f » » 50
147. 40 bleu .... 2f » » 35
148. 1 esc. 60 c. vert .. 6f » » 35
149. 2 » rose .. 7f » 2f »

1868. Même type.

150. 100 mill. de esc.
        violet.... 1f » » 50
151. 400 » bleu..... 1f75 » 50
152. 800 » brun..... 3f » » 75
153. 1 escudo 600 mill.
        vert...... 6f » 1f »
154. 2 escudos rose...., 7f » 2f »

1869. Même type.

Neufs. Oblitér.

160. 100 mil. de esc. bleu 1f » » 50
161. 800 » rose. 3f » 1f »
162. 1 esc. 600 mil. bistre 6f » » 35
163. 2 » » vert. 7f » 2f »

164. 400 mill de esc. vio-
        let (armes).. 1f75 » 35

ÉTATS CONFÉDÉRÉS D'AMÉRIQUE (SUD).

1862. Effigies diverses, couleur sur blanc. Petite dimension, carrés.

1. 1 cent. orange (Col-
        quhoun... 1f » » »
2. 5 » bleu (Jef.
        Davis.... » 50 » »
3. 5 » bleu pâle
        (J Davis).. » 25 » »
4. 5 » bleu pâle
        (papier
        grenu).. » » » 50

Grande dimension.

5. 2 cents vert (Andr.
        Jackson). 10f » » »
6. 5 » bleu (Jeffers.
        Davis) ... 3f » » »
7. 5 » bleu pâle (J.
        Davis) ... 3f » 1f50
8. 5 » vert (Jeff.
        Davis... 3f » 1f50
9. 5 » vert foncé
        (J. Davis.) 3f » » »
10. 10 » rose (Th.
        Davis).... 10f » » »

Neufs. Oblitér.

11. 10 cents bleu (Th.
       Davis)....   7ᶠ »   3ᶠ »

Moyenne dimension.

		Neufs.	Oblitér.
12.	2 cents lie de vin (Jackson).	» 25	» »
13.	10 » bleu (J. Davis, profil).	» 15	» »
14.	10 » bleu clair (J. Davis).	» 50	» »
15.	10 » bleu très-foncé (J. Davis)...	» 50	» »
16.	ten » bleu (J. Davis, profil).	15ᶠ »	» »

		Neufs.	Oblitér.
17.	20 » vert (Washington).	» 35	» »
18.	20 » vert jaune (Wasing.)	» 50	» »

?OFFICES PARTICULIERS.

Voir ÉTATS-UNIS D'AMÉRIQUE, *offices particuliers.*

ÉTATS DE L'ÉGLISE.

1852. Clés, noir sur couleur.

				Neufs.	Oblitér.
1.	1/2 baj.	gris......	» 25	» »
2.	1/2 »	violet....	» 10	» »
3.	1/2 baj.	violet clair	» 15	» »
4.	1 »	vert......	» 15	» 10
5.	1 »	vert bleu.	» 15	» 10
6.	2 »	vert jaune	» 15	» 10
7.	2 »	vert foncé	» 25	» 10
8.	3 »	brun.....	» 25	» 10
9.	4 »	brun....	» »	» 50
10.	4 »	jaune....	» »	» 25
11.	4 »	paille....	» 40	» 10
12.	5 »	rose pâle.	» 40	» 10
13.	5 »	rose.....	» »	» 15
14.	6 »	gris.....	» 50	» 10
15.	6 »	gris perle	» 50	» 10
16.	7 »	bleu.....	» 50	» 20
17.	8 »	blanc....	» 50	» 10
Collection des 9 valeurs.			1ᶠ50	» »

Grande dimension, couleur sur blanc.

		Neufs.	Oblitér.
18.	50 baj. bleu......	8ᶠ »	4ᶠ »
19.	50 » bleu foncé	» »	4ᶠ »
20.	1 scudo rouge....	2ᶠ50	» »

1867. Types précédents, monnaie en cents, noir sur papier de couleur glacé.

		Neufs.	Oblitér.
21.	2 cent vert.........	» 25	» 15
22	3 » violet.......	» 25	» »

	Neufs.	Oblitér.

22ᵃ.3. » gris........ » 50 » »
23. 5 » bleu........ » 35 » 15
24. 10 » rouge...... » 50 » 10
25. 20 » rouge foncé. » 75 » 15
26. 40 » jaune....... 1f25 » 23
27. 80 » rose........ 2f » » 35

1808. *Les mêmes, piqués 13 1/2.*

28. 2 cent. vert..... » 10 » 05
29. 3 » gris...... » 15 » »
30. 5 » bleu..... » 15 » 10
31. 10 » vermillon. » 15 » 10
32. 20 » rouge fon-
cé...... » 50 » 15
33. 20 cent. violet..... » » » 35
34. 20 » carmin... » 15 » 10
35. 40 » jaune..... » 15 » 10
36. 80 » rose...... » 50 » »

ESSAIS.

Armoiries papales, relief et coul. sur blanc.

A. 5 bai, bleu et jaune, B. 5 b vert et jaune, C. 5 h. violet et vert, D. 10 b. vert, E. 10 b. vert et violet, chaque............ » » » »

Titre, clés, chiffre du Christ au centre, grande gravure en taille douce (17 centimètres sur 13 1/2) destinée à la réduction.

F. Noir sur blanc..... 1f » » »

Même type, réduit photographiquement à la dimension des timbres ordinaires, noir sur couleur.

G. violet; H. vert; I. vert clair; K. brun; L. jaune; M. rose; N. gris; O. bleu; P. blanc; chaque................ » 25 » »

ÉTATS-UNIS D'AMÉRIQUE (Nord).

1847. *Effigie, couleur sur blanc ou bleu.*

1. 5 cent. brun foncé
sur bleu.. » » 2f »
2. 5 » brun clair
sur bleu. » » 2f »
3. 5 » brun sur
blanc... » » » »

	Neufs.	Oblitér.

4. 10 » noir s. bleu » » 3f50
5. 10 » noir sur
blanc... » » » »

Grande dimension.

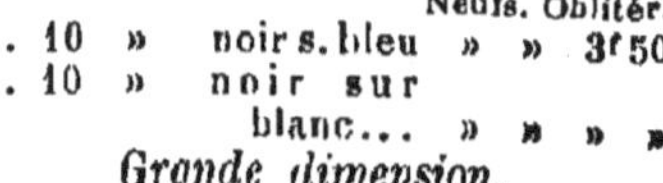

6. 5 cent. noir. bleu » » » »
7. 5 » noir sur
blanc... » » 8f »

1860. *Petite dimension.*

8. 1 cent. bleu (aigle) 1f25 » »

9. 1 » gris (courrier) » » » »
10. 1 » rose (courrier) » » » »

1855-60. *Effigies diverses, us en haut, non dentelés.*

11. 1 cent. bleu...... » » » 25
12. 3 » rouge..... » » » 25
13. 5 cent. brun...... » » 1f50
14. 5 » brun jaune » » 3f »
15. 10 » vert...... » » » 35
16. 12 » noir...... » » » 50

Les mêmes, piq. 15.

17. 1 cent. bleu...... » 50 » 15
18. 1 » bleu clair. » » » 25
19. 3 » rouge..... » » » 10
20. 3 » rouge pâle » 50 » 10
21. 5 » brun...... » 75 » 25
21 a 5 » br. 2ᵉ *type* » » » 75
22. 5 » brun jaune » » » 50

			Neufs.	Oblitér.
23.	10 cent.	vert......	» 75	» 10
24.	12 »	noir......	1f »	» 25
25.	24 »	lilas......	2f »	» »
26.	30 »	orange....	2f50	1f »

27. 90 » bleu foncé 6f » » »

1861-66. Effigies diverses, us. en bas, piq. 12

			Neufs.	Oblitér.
28.	1 cent.	bleu......	» 40	» 20
29.	1 »	bleu clair.	» 40	» 20
30.	2 »	noir......	» 25	» 10
31.	3 »	rouge.....	» »	» 15
32.	3 »	rose.......	» 30	» 05
33.	5 »	brun jaune	» »	» 50
34.	5 »	brun......	» 50	» 10
35.	10 »	vert......	1f »	» 10
36.	12 »	noir......	1f25	» 15
37.	15 »	noir (Lincoln)...	1f50	» 15
38.	24 »	lilas......	2f50	» 50
39.	24 »	violet.....	» »	» 25
40.	30 »	jaune.....	2f50	» 25
41.	90 »	bleu......	7f »	» 50

1868. Mêmes timbres, avec un gaufrage grillé au centre.

1869. Types divers, coul. s. blanc, piq. 12, grillage gaufré.

96. 1 cent. bistre... » 25 » »

			Neufs.	Oblitér.
97.	2 cent.	brun....	» 25	» 10
98.	3 »	bleu...	» 45	» 15
99.	6 »	bleu....	» 75	» 25
100.	10 »	orange .	1f »	» 25
101.	12 »	vert....	1f50	» 25
102.	15 »	brun et bleu..	2f »	» 25
103.	24 »	vert et noir..	4f »	2f50
104.	30 »	bleu et rose.	3f »	1f »
105.	90 »	rose et noir..	8f »	3f »

TIMBRES DE JOURNAUX.

1865. *Très-grand format, couleur sur blanc, piq. 12.*

			Neufs.	Oblitér.
50. 6 cent.	vert	10ᶠ »	»	»
51. 5 »	rouge	10ᶠ »	»	»
52. 10 »	vert	»	»	6ᶠ »

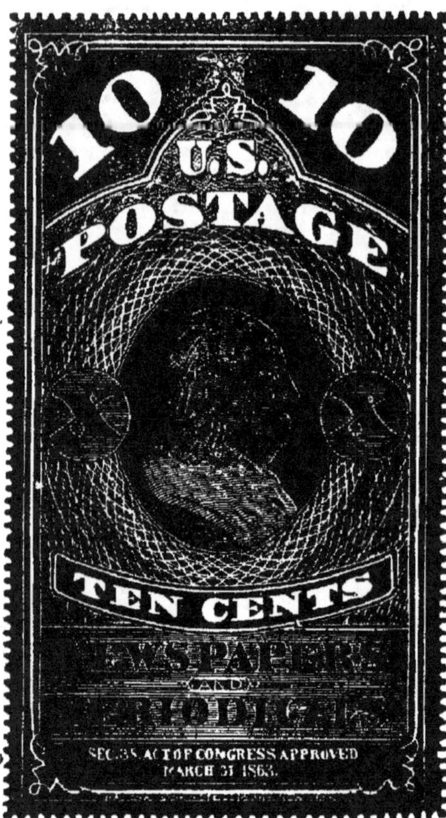

		Neufs	Oblitér.
42. 5 cent. bleu	1ᶠ »	»	»
43. 10 » vert	1ᶠ50	»	»
44. 25 » rouge	2ᶠ50	»	»
La collection	4ᶠ50	»	»
42 *a* 5 cent. bleu (*bordure de couleur*)	1ᶠ25	»	»

ENVELOPPES.

1853. *Grandes, ovales, relief et couleur sur blanc, valeur en lettres.*

		Neufs	Oblitér.
45. 3 cent. rouge	5ᶠ »	1ᶠ50
46. 6 » vert	10ᶠ »	» »
47. 6 » rouge	9ᶠ »	» »
48. 10 » vert	8ᶠ »	» »

Les mêmes, papier jaune.

49. 3 cent. rouge	3ᶠ	» 75

1860. *Même type, mais plus petit, papier blanc.*

			Neufs	Oblitér.
53. 3 cent.	rouge	3ᶠ »	»	»
54. 6 »	rouge	» »	»	»
55. 10 »	vert	» »	»	»
56. 4 »	(formé du 1 et du 3 c.)	6ᶠ »	»	»

Les mêmes, papier jaune.

			Neufs	Oblitér.
57. 1 cent.	bleu	» **75**	»	»
58. 1 »	bleu (papier brun)	» **75**	»	»
59. 3 »	rouge	2ᶠ »	1ᶠ »
60. 6 »	rouge	» »	»	»
61. 10 »	vert	» »	»	»
62. 4 »	(formé du 1 et du 3 c.)	6ᶠ »	»	»

Même effigie, valeur en chiffres, papier blanc.

			Neufs	Oblitér.
63. 3 cent.	rose	2ᶠ »	» **75**
64. 6 »	rose	3ᶠ »	» »
65. 10 »	vert	2ᶠ »	» »

Les mêmes, papier azuré.

66. 3 cent.	rose	3ᶠ »	» »

Les mêmes, papier jaune.

			Neufs	Oblitér.
67. 2 cent. noir (avec U.S. POSTAGE)		1ᶠ »	»	»
67 *a* id.	sur brun.	» 50	»	»

			Neufs.	Oblitér.
68.	2 cent.	noir (avec U.S. POST) ...	» 50	» »
69.	2 »	id. sur brun	» 50	» »
70.	3 »	rose......	2ᶠ »	» 50
71.	6 »	rose......	3ᶠ »	» »
72.	10 »	vert......	1ᶠ »	» »
73.	12 »	brun et rouge...	2ʹ75	» »
74.	20 »	bleu et rouge...	2ᶠ50	» »
75.	24 »	vert et rouge	3ᶠ »	» »
76.	40 »	noir et rouge	5ᶠ »	» »

1865. *Effigie de Washington. chiffres et lettre de grande dimension, papier blanc.*

			Neufs.	Oblitér.
77.	3 cent.	rose......	» 50	» 10
78.	3 »	brun......	1ᶠ50	» »
79.	6 »	rose......	1ᶠ25	» »
80.	6 »	violet.....	2ᶠ »	» »

Même type, papier jaune.

			Neufs.	Oblitér.
81.	3 cent.	rose......	» 50	» 10
82.	3 »	brun......	1ᶠ50	» »
83.	6 »	rose......	1ᶠ50	» »
84.	6 »	violet.....	2ᶠ »	» »
85.	9 »	jaune.....	1ᶠ25	» »
86.	12 »	brun......	1ᶠ50	» »
87.	18 »	rouge.....	2ᶠ »	» »
88.	24 »	bleu......	2ᶠ50	» »
89.	30 »	vert......	3ᶠ »	» »
90.	40 »	rose......	4ᶠ »	» »

TIMBRES-POSTE MONNAIE.

1862. *Timbres-poste imprimés sur billets de banque.*

			Neufs.	Oblitér.
91.	5 cent.	brun s. bist.	» »	» »
92.	10 »	vert s. blanc	2ᶠ »	» »
93.	25 »	(5 timb. de 5 c.) brun s. bistre.	3ᶠ »	» »
94.	50 »	(5 timb. de 10 c.) vert	5ᶠ »	» »

? OFFICES PARTICULIERS.
1844.

Nᵒ 1. CENT variétés d'offices particuliers d'Amérique, enveloppes
à relief, etc..... 5ᶠ » » »

Nᵒ 2. CENT variétés (différentes des
précédentes)... 5ᶠ » » »

FERNANDO-PO (Afrique).

1868. Type des timbres de Cuba de 1868, FERNANDO-PO en haut.

Neufs. Oblitér.

1. 20 cent. de esc. brun. 10f » »» »

FINLANDE.

1856. Ovale en largeur, lion, couleur sur blanc.

3. 5 kop. bleu...... » » 3f »
4. 10 » rose...... » » 1f50

1860. Carré, lion, coul. sur papier teintés, dentelés en serpentin.

5. 5 kop. bleu...... 1f » » 20
6. 5 » bleu foncé. 1f » » 20
7. 10 » rose...... 1f50 » 20
8. 10 » rose vif... 1f50 » 20

1866. Même type.

9. 5 penni brun s. lilas. » 30 » »
9a 5 » lie de vin.. » 15 » 10
13. 8 » vert...... » 25 » 10
30. 10 » noir s.cham. » 35 » 10

Neufs. Oblitér.

11. 20 penni bleu...... » 50 » 10
12. 40 » rose...... 1f » » 10

34. 1 mark bistre...... 2f50 » 50

1866. Ovale (pour Helsingfors).

13. 10 penni vert et rose » 50 » »
13a 10 » bistre et bleu » 50 » »

1866. Ovale, pour Tammerfors.

14. 12 penni vert et bleu » 35 » »

ENVELOPPES.

1845. Grand ovale, PORTO-STAMPEL. couleur s. blanc vergé.

15. 10 kop. rose...... » » 15f »
16. 20 » verdâtre.. » » 15f »

Les mêmes, réimprimées.

17. 10 kop. rose...... 2f » » »
18. 20 » noir...... 2f » » »

1850. Ovale oblong, lion.

19. 5 kop. bleu...... 5f » 3f »
20. 5 » bleu clair.. » » 3f »

Left column

		Neufs.		Oblitér.	
21.	10 kop. rose	»	»	1ᶠ	»
22.	10 » rose clair..	»	»	1ᶠ	»
23.	20 » noir vert.....	»	»	15ᶠ	»

Les mêmes, réimprimés.

19 a	5 kop. bleu.......	2ᶠ	»	»	»
21 a	10 » rose	2ᶠ	»	»	»
23 a	20 » noir........	3ᶠ	»	»	»

1860. *Carré, lion, fond ondulé.*

24.	5 kop. bleu foncé (ond. larges)......	1ᶠ50	»	»	
25.	5 kop. bleu cl. (ond. large)s....	1ᶠ50	»	»	
26.	5 » bleu (ondul. serrées)...	2ᶠ	»	»	»
27.	10 » rose	2ᶠ	»	»	»

1860. *Enveloppes à deux timbres.*

28.	10 kop. de 1845 s. la patte et 10 k. actuel sur la face.	»	»	»	»
29.	20 kop. de 1845 s. la patte et 10 k. actuel sur la face.	»	»	»	»
30.	5 kop. de 1850 s. la patte et 5 k. actuel sur la face.	5ᶠ	»	»	»
31.	10 kop. de 1850 s. la patte et 5 k. actuel sur la face.	5ᶠ	»	»	»
32.	20 kop. de 1850 s. la patte et 10 k. actuel sur la face.	»	»	»	»

FRANCE.

1849-50. RÉPUBLIQUE. *Tête de Liberté.*

		Neufs.		Oblitér.	
1.	10 cent. jaune......	»	»	»	75
2.	10 » jaune bistre	2ᶠ	»	»	50
3.	15 » vert........	»	»	»	50
4.	20 » noir.......	2ᶠ	»	»	15
5.	25 » bleu.......	»	»	»	10
6.	25 » bleu foncé..	2ᶠ	»	»	10
7.	40 » orangé.....	»	»	»	35
8.	1 franc rouge orangé	»	»	»	»
9.	1 » carmin.....	»	»	1ᶠ	»
10.	1 » brun........	»	»	1ᶠ50	
11.	1 » brun tr.-foncé	»	»	2ᶠ	»

Right column

1852. PRÉSIDENCE.
Effigie, couleur sur blanc.

		Neufs.		Oblitér.	
12.	10 cent. jaune.....	»	»	1ᶠ	25
13.	25 » bleu......	»	»	»	10

1853-60. EMPIRE. *Même type, non dentelés.*

14.	1 cent. olive........	»	25	»	10
15.	5 » vert foncé...	1ᶠ	»	»	25
16.	5 » vert........	»	50	»	10
17.	10 » bistre.......	»	75	»	05
18.	10 » jaune.......	»	75	»	10
20.	10 » jaune très-pâle.......	»	»	»	25
21.	20 cent. bleu foncé.	1ᶠ50		»	10
22.	20 » bleu pâle...	1ᶠ	»	»	05
23.	25 » bleu..	3ᶠ	»	»	15
24.	40 » rouge.......	1ᶠ50		»	10
25.	40 » rouge vif...	»	»	»	15
26.	80 » carmin......	3ᶠ	»	»	25
27.	80 » rose	2ᶠ	»	»	15
28.	1 franc carmin......	»	»	5ᶠ	»

1862. *Les mêmes, piq.* 13 1/2, 14.

29.	1 cent. olive........	»	10	»	05
30.	5 » vert........	»	25	»	10
31.	5 » vert clair....	»	15	»	05
32.	10 » bistre.......	»	35	»	05
33.	10 » jaune.......	»	50	»	15
34.	20 » bleu........	»	50	»	15
35.	20 » bleu pâle...	»	40	»	05
37.	40 » orangé vif...	»	75	»	15
38.	40 » orangé pâle..	»	80	»	05
39.	80 » rose	1ᶠ50		»	10

1861. On trouve quelques timbres piq. 7 (larges trous), par MM. Susse, et aussi, mais plus rarement des percés en ligne.

1862. *Réimpression des anciens timbres à la Monnaie de Paris.*

RÉPUBLIQUE.

40.	10 cent. jaune......	4ᶠ	»	»	»
41.	15 » vert.......	4ᶠ	»	»	»
42.	20 » noir.......	4ᶠ	»	»	»
43.	20 » bleu	4ᶠ	»	»	»
44.	25 » bleu.......	4ᶠ	»	»	»
45.	40 » orange.....	4ᶠ	»	»	»
46.	1 franc carmin.....	4ᶠ	»	»	»

PRÉSIDENCE.

47.	10 cent. jaune......	4ᶠ	»	»	»
48.	25 » bleu.......	4ᶠ	»	»	»

EMPIRE.

Neufs. Oblitér.

49. 25cent. bleu....... 4f » » »
50. 1 franc carmin..... 5f » » »

1863, 66-67. *Effigie laurée de l'empereur, piq. 13 1/2, 14.*

51. 1 cent olive........ » 05 » »
52. 2 » marron..... » 10 » 05
53. 4 » gris perle... » 15 » »
54. 4 » gris pâle.... » 10 » »
56. 10 » jaune...... » 25 » 05
57. 20 » bleu....... » 40 » 05
58. 30 » brun....... » 50 » 10
59. 40 » orange..... » 75 » 10
60. 80 » rose....... 1f » » 10

1869. *Même effigie, grand format oblong, piq.*

61. 5 francs lilas...... 6f50 » 15

1859. CHIFFRES-TAXE.

62. 10 cent. noir (lithogr.) » » 3f »
63. 10 » noir (typogr.) » 15 » »
64. 15 » noir (typogr.) » 15 » »
65. 15 » » per. li. » 35 » »

TIMBRES FISCAUX
Affranchissant les journaux.

1857-68. *Justice dans un rond, imprimé en rouge sur les journaux.*

Nota. Les noirs n'affranchissent pas.

Neufs Oblitér.

66. Pour Paris, 6 c., 1857........... » » » »
67. Départements, 3 c., 1857........... » » » »
68. Paris, 5 c., 1868.. » » » »
69. Départements, 2 c., 1868............. » » » »

1868. *Timbres adhésifs, même usage que les précédents, armoiries, coul. sur blanc,*

70. 2 cent. violet..... » » 1f »
71. 2 » (4 c.) bleu » » » »
72. 2 » (6 c.) rose » » » »

Idem piqués, 13.

70a 2 cent. violet..... » 25 » 20
71a 2 » (4 c.) bleu. » » » 50
72a 2 » (6 c.) rose, » » » 75

TIMBRES DE TÉLÉGRAPHE.
1868. *Aigle, coul. sur blanc.*

73. 25 cent. carmin.... » » 1f »
74. 50 » vert........ » » » 50
75. 1 franc orange..... » » 1f »
76. 2 » violet..... » » 1f »

Idem, piqués, 13.

73a 25 cent. carmin... » » 1f »
74a 50 » vert...... 1f » » 15
75a 1 franc orange.... 2f » » 15
76a 2 » violet..... 3f » » 10

ESSAIS.

ESSAIS.

1852. Imprimés en couleur sur papier chimique altérable par l'eau; deux types: 1º copie du timbre de la République, effigie à droite. — 2º (dit de Cayenne), effigie du prince président. Couleurs diverses, chacun 1 fr. 50.

*Essais ayant figuré à l'*EXPOSITION DE 1867 :

Neufs. Oblitér.

1º *Copie du type de 1853, taille douce, bleu clair.*   2f »   »   »
2º Même genre, effigie laurée, légende NAPOLÉON III, EMPEREUR, *typographie, coul. sur blanc, rose, bleu, noir.*   1f »   »   »

ESSAIS D'ENVELOPPES.

Gravés par M. Barre (très-rares).

1866. ESSAIS DE M. RENARD.

1 *type, imprimé à deux teintes et dans les couleurs des timbres en cours :*

A. olive, B. marron, C. gris perle, D. vert, E. jaune, F. bleu, G. brun, H. orangé, I. rose, chacun.. 50 c.

Même type en relief et couleur.

J. rouge, K. vert, L. orange, M. bleu, N. brun, O. rose, chacun : » 50

2e *type, en relief et couleur.*

Z. rouge, P. bleu, Q. vert, R. orange, S. rose, T. brun, chacun... 50 c.

1866. *Type carré, imprimé en coul.*

U. jaune, V. rose, X. vert, Y. bleu, chacun..................... 50 c.

GAMBIE.

1869. *Effigie de Victoria, relief et coul. sur blanc.*

Neufs. Oblitér.

1. 4 pence brun..... 1f »   »   »
2. 6 »   bleu...... 1f50 »   »

GRANDE-BRETAGNE.

1840-58. *Effigie de la reine, couronne en filigrane.*

1. 1 penny noir...... 3f »   » 20
2. 1 »   noir VR en haut.....   »   »   »   »

Neufs. Oblitér.

3. 2 pence bleu (sans li-
gne blanche
sous le mot
POSTAGE)...   » » » 40
4. 1 penny rouge (papier
bleu).....   » » » 10
5. 1 » brun (papier
bleu).....   2ᶠ » » 10
8. 2 » bleu (papier
bleu)....   3ᶠ » » 25

Les mêmes, piq. 16 et 14.

10. 1 penny brun (papier
bleu).....   1ᶠ50 » 10
12. 1 » rouge (pap.
blanc)....   » 35 » 05
12a 2 pence bleu......   » » » 25
13. 1 penny rouge (lettre
en haut...   » » » 05
14. 2 pence bleu (let. en
haut), petit
7 à droite et
à gauche)..   » » » 50
15. 2 » bleu (lettre
en haut), p.
8 à droite
et à gauche   » » » 25
16. 2 » bleu (lettre
en haut), p.
9 à droite
et à gauche   » 40 » 05

1847-54. *Octogone relief et couleur.*

17. 6 pence violet.....   » » » 50
18. 10 » brun......   » » 1ᶠ »
19. 1 shill. vert......   » » 1ᶠ »

**1855-56. *Effigie, types divers,
papier glacé, piq. 14.***

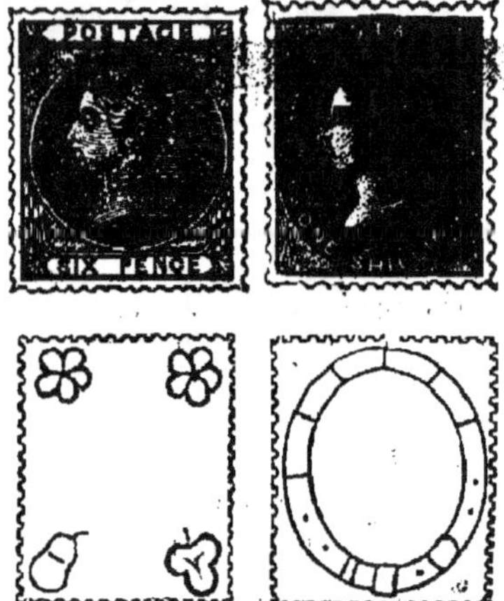

Neufs. Oblitér.

20. 4 pence rose......   3ᶠ » » 10
20b 4 » rose (pap.
bleuté)...   » » » 35
21. 6 » violet.....   5ᶠ » » 20
22. 1 shill. vert......   4ᶠ » » 25

**1862. *Les mêmes, petites lettres aux
quatre angles.***

23. 3 pence rose......   1ᶠ25 » 20
24. 4 » rouge.....   1ᶠ25 » 10
25. 6 » violet.....   1ᶠ50 » 10
26. 9 » bistre.....   2ᶠ50 1ᶠ »
27. 1 shill. vert......   2ᶠ50 » 15

**1865. *Les mêmes, grandes lettres
aux quatre angles.***

28. 3 pence rose......   » 75 » 05
29. 4 » rouge.....   1ᶠ » » 05
30. 6 » violet.....   1ᶠ50 » 15
31. 9 » bistre.....   2ᶠ50 » 75
32. 1 shill. vert......   2ᶠ50 » 15

1867. Les mêmes, rose en filig.

Neufs. Oblitér.

77. 3 pence rose vif.... » 50 » 05
78. 6 »   violet vif.. 1f » » 05

79. 1 shil. vert vif..... 2f »   » 10
74. 10 pence brun..... 2f »   » 35
75. 2 shil bleu...... 3f 50 » 25

76. 5 shil rose, croix en
       filigrane.. 8f »   » 25

ENVELOPPES.

1649-1840. Enveloppes franches de port, portant la signature d'un membre du parlement et ce timbre :

00. FREE rouge........ » » 1f »

1840. Vignette au trait sur toute l'enveloppe, par Mulready.

(Voir la gravure au commencement du Catalogue.)

33. 1 penny noir, forme
         lettre.... 8f » » »
34. 1 »   noir, forme
         enveloppe. 8f » » »

35. 2 pence bleu, forme
         lettre.... 10f » » »
36. 2 »   bleu, forme
         enveloppe. » » » »

1841. Ovale, relief et couleur, sans millésime, Dick.

37. 1 penny rose...... 1f 50 » 25
38. 2 pence bleu...... 2f »   » »
39. 2 »   bleu foncé. 2f »   » »

1856-58. Même effigie, types divers, millésime, papier blanc.

40. 1 penny rose...... » 25 » 10
41. 2 pence bleu...... » 50 » »
42. 3 »   carmin... » 75 » »

4 luge..... 1f »
o..et..... 1f 50 » »

45. 1 sh. vert........ 2f 50 »

Mêmes timbres, sur papier teinté.

A.   papier rose...... ⎫
B.   »   bleu...... ⎬ Mêmes
C.   »   jaune...... ⎪ prix.
D.   »   lilas...... ⎭

ENVELOPPES DOUBLES.

	Neufs.	Oblitér.	
46. 5 p. (4 et 1 p. réunis)	1f25	»	»
47. 5 » (3 et 2 p. »	1f25	»	»
48. 7 » (6 et 1 p. »	1f75	»	»
49. 7 » (4 et 3 p. »	1f75	»	»
50. 8 » (4 et 4 p. »	2f	»	»
51. 9 » (6 et 3 p. »	2f25	»	»
52. 10 » (6 et 4 p. »	2f25	»	»
52 a 1 sh. et 1 p. »	3f	»	»
53. 1 » et 2 p. »	3f	»	»
54. 1 » et 3 p. »	3f25	»	»
55. 1 » et 4 p. »	3f50	»	»
55 b 1 » et 6 p. »	3f75	»	»
55 c 2 » 1 et 1 sh. »	5f	»	»

Mêmes timbres, sur papier teinté.

A. papier rose........ }
B. » bleu........ } Mêmes
C. » jaune........ } prix.
D. » lilas........ }

ENVELOPPES PARTICULIÈRES.

Timbre-enveloppe du gouvernement encadré d'adresses particulières, en relief et de même couleur.

56. 1 penny rose V. H. SMITH et SON.....	»	»	»	20
57. 2 pence bleu......	»	»	»	25
58. 3 » carmin....	»	»	»	35
59. 4 » rouge.....	»	»	»	»
60. 6 » violet.....	»	»	»	»
61. 1 shill. vert......	»	»	»	»

Il existe du même genre les suivantes :

62. Smith. Elder et Co.	»	»	»	»
63. Borne et Son......	»	»	»	»
64 Stafford Smith et Smith, 2 p. bleu.	»	»	»	»
65. Grindlay et Co....	»	»	»	»
66. Workman.........	»	»	»	»
67. G. Prior.........	»	»	»	»
68. S. Norton........	»	»	»	»
69. J. F. Pawson.....	»	»	»	»
70. S. Alsoop et Co.....	»	»	»	»

Etc., etc.

ENVELOPPES DE RETOUR.

Timbre ovale à la patte de l'env.

71. Rouge sur blanc...	»	75	» »
72. Rouge sur bleu...	» »	»	

ESSAIS.

PRINCE ALBERT.

? OFFICES PARTICULIERS.

1865

Collection de 40 variétés de timbres d'offices particuliers de Grande-Bretagne (timbres de journaux)................ 5f » » »

Voir le catalogue spécial des offices particuliers de Grande-tagne, Etats-Unis, etc.

GRÈCE.

1861. Tête de Mercure, impression de la Monnaie de Paris, très-soignée.

	Neufs.	Oblitér.	
1. 1 lept. marron....	»	»	1f50
2. 2 » bistre......	»	»	» 50

			Neufs.	Oblitér.
3. 5	»	vert........	»	» 1f50
4. 10	»	rouille sur bleu.....	»	» 2f »
5. 20	»	bleu........	»	» 1f »
6. 40	»	violet sur bleu......	»	» 1f »
7. 80	»	carmin.....	»	» » 50

1862. *Mêmes timbres, imprimés en Grèce, tirage plus épais.*

8. 1	lept.	chocolat....	» 25	» »
9. 1	»	chocolat clair	» 10	» 05
10. 2	»	bistre......	» 10	» 05
11. 2	»	bistre pâle..	» 15	» »
12. 5	»	vert foncé ...	» 25	» »
13. 5	»	vert.......	» 15	» 10
14. 10	»	rouille s. bleu	» 25	» 10
15. 10	»	jaune s. bleu	» 50	» 25
16. 20	»	bleu........	» 50	» 10
17. 20	»	bleu foncé..	» 75	» 25
18. 40	»	violet s. bleu.	» 75	» 15
19. 40	»	lie de vin, id.	1f25	» 25
20. 80	»	carmin.......	1f50	» 10
21. 80	»	rose........	1f50	» 10

ESSAI.

A. bleu, carmin, rouge, vert, noir, brun, marron, jaune, chacun   » »

GRENADE (ILE).

1860. *Effigie de la reine, coul. sur blanc, sans filigrane, piq. 15.*

1. 1	penny vert......	»	»	»	»
2. 6	pence rose......	»	»	»	»

Les mêmes, étoile en fil. piq. 14,15.

3. 1	penny vert......	» 25	» 20
4. 6	pence rose......	2f »	» 75
5. 6	pence rouge......	1f50	» 50

GUYANE ANGLAISE.

1849. *Valeur dans un rond, noir sur couleur.*

		Neufs.	Oblitér.		
1. 4	cents jaune...	»	»	»	»
2. 8	» vert.......	»	»	»	»
3. 12	» bleu.......	»	»	»	»

1850. *Vaisseau dans un grand carré, noir sur couleur.*

4. 4	cents bleu.....	»	»	»	»
5. 4	» rouge......	»	»	»	»

1851. *Même genre, carré en hauteur.*

6. 1	cent magenta....	»	»	»	»
7. 4	» bleu foncé..	»	»	»	»

Les mêmes, piq. 13. (réimp.)

8. 1	cent magenta....	4f	»	»	»
9. 4	» bleu foncé..	6f	»	»	»

1853. *Vaisseau à gauche*, 1.8.5.3 *dans les angles, coul. sur blanc.*

			Neufs.		Oblitér.	
10.	1 cent	rouge	»	»	»	»
11.	1 »	brique	»	»	»	»
12.	4 »	bleu	»	»	10ᶠ	»

Les mêmes, piq. 13 (réimp.).

			Neufs.		Oblitér.	
13.	1 cent	rouge	4ᶠ	»	»	»
14.	4 »	bleu	3ᶠ	»	»	»

1860. *Vaisseau à droite, couleur sur blanc*, 1.8.6.0 *dans les angles, piq. 12, 13.*

			Neufs.		Oblitér.	
15.	1 cent	rose	»	»	»	»
16.	1 »	rose (réimp.)	2ᶠ	»	»	»
17.	1 »	rouge brun	»	»	6ᶠ	»
18.	1 »	brun foncé	»	»	»	»
19.	1 »	noir	»	20	»	»
20.	2 »	orange	»	35	»	15
21.	4 »	bleu	»	50	»	25
22.	4 »	bleu vert	»	»	»	50
23.	8 »	rosé	1ᶠ	»	»	40
24.	8 »	rose pâle	1ᶠ	»	»	50
25.	12 »	gris	1ᶠ50	»	»	50
26.	12 »	lilas	1ᶠ50	»	»	40
27.	24 »	vert	3ᶠ50	1ᶠ	»	
28.	24 »	vert jaune	»	»	1ᶠ	»

1863. *Vaisseau, type plus grand,* 1.8.6.3 *dans les angles, couleur sur blanc, piq. 12.13.*

29.	6 cents	bleu	1ᶠ50	»	»	
30.	6 »	bleu vert	1ᶠ50	»	50	
31.	24 »	vert	3ᶠ	»	»	»
32.	24 »	vert jaune	3ᶠ	»	» 75	
33.	48 »	rose	7ᶠ	»	»	»
34.	48 »	rouge	7ᶠ	»	1ᶠ	»

1862. *Timbres provisoires (dits de journaux), noir sur couleur.*

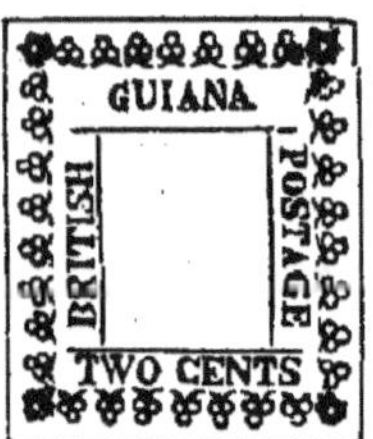

			Neufs.		Oblitér.	
35.	1 cent	rose	»	»	»	»
36.	2 »	jaun	»	»	»	»
37.	3 »	bleu	»	»	»	»

On connait 7 encadrements différents :

N° 1.

N° 2.

N° 3.

N° 4.

N° 5.

N° 6.

N° 7.

HAMBOURG.

1859. *Chiffre et armoiries, couleur sur blanc, ligne en filig.*

			Neufs.		Oblitér.	
1.	1/2 sch.	noir	»	35	»	»
2.	1 »	brun	»	35	»	»
3.	1 1/4 »	gris	1ᶠ	»	»	»
4.	1 1/4 »	violet pâle	»	75	»	»
5.	1 1/4 »	violet vif	»	35	»	»
6.	2 »	rouge	»	75	»	»
7.	2 1/2 »	vert	»	25	»	»
8.	3 »	bleu terne	1ᶠ	»	»	»
1863	3 »	bleu vif	»	50	»	»
9.	4 »	vert	»	75	»	»

Left column

			Neufs.	Oblitér.
10. 7 sch.	orange....		2f »	» 75
11. 9 »	jaune.....		2f »	» »

Les mêmes, piq. 13 1/2.

			Neufs.	Oblitér.
12. 1/2 sch.	noir.....		» 10	» 05
13. 1 »	brun....		» 15	» 10
14. 1 1/4 »	lilas.....		» 35	» »
15. 1 1/4 »	violet....		» 25	» 15
16. 2 »	rouge....		» 25	» 15
17. 2 1/2 »	vert (lith.)		» 35	» »
17 a 2 1/2 »	vert clair.		» 35	» 15
17 b 2 1/2 »	vert (grav.)		» 35	» 15
18. 3 »	bleu terne		» 75	» »
19. 3 »	bleu vif..		» 60	» 20
20. 4 »	vert......		» 30	» 20
21. 7 »	orange...		1f 50	» »
22. 7 »	violet....		» 50	» 25
23. 9 »	jaune....		» 75	» 50
La série de 11 valeurs.			3f »	2f »

1866. Même genre, octogone, en relief, per. li.

24. 1 1/4 sch. violet..	» 50	» »
24 b. 1 1/2 sch. carmin	» 15	» »

1868. Type de la confédération allemande, couleur sur blanc perc. li.

159. » violet brun...	» 15	» 10

ENVELOPPES.

1866. Relief et coul. s. blanc. comme les timbres.

25. 1/2 sch.	noir.....	» 10	» »
26. 1 1/4 »	lilas.....	1f 25	» »
27. 1 1/2 »	carmin...	» 25	» »
28. 2 »	orange...	» 35	» »
29. 3 »	bleu.....	» 35	» »
30. 4 »	vert.....	» 50	» »
31. 7 »	violet....	» 75	» »

Les mêmes, avec tour en filigrane.

MANDATS DE POSTE.

Type de 1866, sur carte bleue.

162. 3 sch. bleu......	» 50	» »
163. 4 » vert......	» 50	» »

Right column

TIMBRE DE RETOUR.

	Neufs.	Oblitér.
160. rond noir........	1f »	» »

TIMBRE DE FRANCHISE DE LA DIRECTION GÉNÉRALE DES POSTES.

Armoiries en relief.

161. Rond festonné rouge................	» 50	» »

OFFICES PARTICULIERS.

1861.

La collection complète des 116 offices particuliers et enveloppes de Hambourg........... 3f » » »

HANOVRE.

1850. Chiffre et armoiries, noir sur couleur, couronne de feuilles en filigrane.

	Neufs.	Oblitér.
1. 1 gutg. bleu (sans filigrane)..	» »	» 50
2. 1 » vert......	1f »	» 25
3. 1/30 th. carmin....	1f »	» 50
4. 1/30 » chair.....	1f »	» 35
5. 1/15 » bleu......	1f »	» 35
6. 1/10 » orange....	1f »	» 50

1856. Même type, noir sur papier blanc, burelé de couleur.

	Neufs.	Oblitér.
7. 1 gutg. vert......	1f »	» 35
8. 1 » vert(burelé vertical).	2f »	» »
9. 1 30 th. rose......	1f »	» 50
10. 1/30 » rose(burelé vertical)..	2f »	» »
11. 1/15 » bleu......	1f »	» 50
12. 1/10 » orange....	2f »	» 50
13. 1 10 » orange(bur. serré).....	1f »	» 50

1853-63. Chiffre dans un ovale.

	Neufs.	Oblitér.
14. 3 pf. rose(filigrané)	1f50 »	»
15. 3 » rose (burelé noir).......	1f »	» »
16. » brun (burelé noir, serré).	1f »	» »
17. 3 » rose (sans filig.)	» 35 »	»
18. 3 » vert........	» 60 »	»
... 3 » vert perc. arc.	» 35 »	»

1860. Cor, sur papier blanc.

	Neufs.	Oblitér.
20. 1/2 gros. noir.....	1f »	» 50
21. 1/2 » noir, per. a.	» 50 »	»

1859. Effigie du roi, couleur sur blanc.

	Neufs.	Oblitér.
22. 1 gros. carmin.....	» »	» 15
23. 1 » rose........	» 50	» 25
24. 2 » bleu foncé..	» »	» 50
25. 2 » bleu........	1f »	» 50
26. 3 » jaune.......	2f »	» 50
27. 3 » bistre.......	1f »	» 50
28. 10 » vert........	2f50	1f25

1864. Les mêmes, per. arc.

	Neufs.	Oblitér.
29. 1 gros. rose.......	» 35	» 15
30. 2 « bleu.......	» 75	» 35
31. 3 » bistre......	1f »	» 35

ENVELOPPES.

1857. Effigie du roi, relief et coul. sur blanc, chiffre en bas.

	Neufs.	Oblitér.
32. 1 gutg. vert.......	1f75 »	»
33. 1 silb. rose......	2f »	» »
34. 2 » bleu......	2f50 »	»
35. 3 » jaune.....	4f »	» »

1858. Même type, chiffres sur les côtés, timbré à gauche.

	Neufs.	Oblitér.
36. 1 gros. rose.......	» 75	» 25
37. 2 » bleu.......	1f »	» 50
38. 3 » jaune......	2f50	» »
39. 3 » bistre......	1f50	» 50

1863. Même type, timbré à droite.

	Neufs.	Oblitér.
40. 1 gros. rose.......	» »	» 50
41. 2 » bleu.......	» »	» »
42. 3 » bistre......	» »	» »

SPÉCIALES A LA VILLE DE HANOVRE.

1849. BESTELLGELDFREI. *Ce seul mot imprimé sur papier jaunâtre.*

	Neufs.	Oblitér.
43. Bleu...............	» »	» »
44. Noir...............	» »	» »

1850. *Vignette typographique sur toute l'enveloppe, noir s. couleur, petit timbre rond bleu, à l'angle inférieur droit.*

Neufs. Oblitér.

45. Jaune............. 4ᶠ » » »

1858. *Trèfle en relief.*

46. Vert............. » 75 » »

1861. *Cheval en relief.*

47. Vert............. » 75 » »

HAWAIIEN.

1852. *Chiffre, composition typographique, coul. s. blanc.*

1. 2 c. bleu (1ᵉʳ type) » » » »
1a 5 » » » » » » »
1b 13 » » » » » » »

1e 13 c. bleu (2ᵉ type) » » » »

1859. *Idem, sans fleurons, sur papier bleu, inscriptions :* HAWAIIAN POSTAGE, INTERISLAND, UKU LETA.

2. 1 cent. bleu....... » » » »
3. 1 » noir....... 3ᶠ » » »
4. 2 » bleu....... » » » »
5. 2 » noir....... 3ᶠ » » »

Idem, sur papier blanc.

6. 1 cent. noir....... » » » »
7. 1 » noir(pap.vergé)» » » »
8. 2 » noir....... 1ᶠ50 » »
9. 2 » noir (papier vergé) ... » 50 » »

Id., avec l'inscription : INTERISLAND UKU LETA, HAWAIIAN POSTAGE.

10. 1 cent. bleu....... » » » »
11. 2 » bleu....... 2ᶠ » » »
12. 5 » bleu s. bleu 2ᶠ » » »

Idem, HAWAIIAN POSTAGE, *répété deux fois.*

Neufs. Oblitér.

13. 5 cents bleu....... 2ᶠ50 » »

1852. *Effigies diverses.*

14. 2 cents rose clair.. 3ᶠ » » »
15. 2 cents. rose vif.... 2ᶠ » » »

16. 5 » bleu s. blanc 1ᶠ50 » »
17. 5 » bleu s. bleu 3ᶠ » » »
18. 13 » rouge...... 3ᶠ » » »

1865. *Effigie bien gravée, piq.* 12.

19. 2 cents vermillon.. » 35 » »

20. 5 cents. bleu...... 1ᶠ25 »

HÉLIGOLAND (Mer du Nord).

1867. *Effigie en relief imp. en deux couleurs disposées différemment, papier blanc, perc. li. ou piq.*

1 1/2 schil. rose et vert. » 10 » »

Neufs. Oblitér.

2. 1 schill. rose et vert. » 15 » »
3. 2 » » » 40 » »
4. 6 » » » 40 » »

HOLSTEIN (Duché).

1864. *Valeur dans un cercle, coul. sur blanc.*

1. 1 1/4 sch. bleu (grandes lettres) » 75 » »
2. 1 1/4 » bleu (petites lettres) » 75 » »

Valeur dans un carré, fond rose.

3. 1 1/4 sch. bleu.... » » » 35

1865. *Ovale, chiffre en relief et couleur.*

4. 1/2 sch. vert.... » 35 » 25
5. 1 1/4 » lilas.... » 50 » »
6. 1 1/3 » carmin... » 25 » »
7. 2 » bleu.... » 35 » »
8. 4 » bistre.... » 35 » »

1866. *Type à peu près semblable.*

9. 1 1/4 sch. violet.... » 50 » 15
10. 2 » bleu.... » 35 » »

HONDURAS (République).

1865. *Armoiries, noir sur couleur.*

1. 2 réales vert...... 4f » 1f »

2. 2 réales rose...... 2f » 1f50

HONDURAS BRITANNIQUE.

1866. *Effigie de la reine, couleur sur blanc, CC en fil. piq. 14.*

Neufs. Oblitér

1. 1 penny bleu...... » 25 » »
2. 6 » rose...... 1f50 » »
3. 1 shill. vert....... 2f50 » »

HONG-KONG.

1862. *Effigie de la reine Victoria, papier uni ou CC couronné en filigrane, piq. 14.*

1. 2 cents brun...... » 25 » 15
2. 4 » gris........ » 50 » 15
3. 6 » lilas........ » 75 » 15
4. 8 » jaune...... 1f » » 25
5. 12 » bleu...... 1f 25 » 35
6. 18 » violet..... 1f 75 » 75
7. 24 » vert....... 2f 50 » 25
8. 30 » rouge...... 2f 50 » 50
9. 48 » rose....... 4f 50 » 35
10. 96 » jaune brun. » » » »
11. 96 » brun noir.. 9f » » 20

HONGRIE.

TIMBRE TAXE DES JOURNAUX.

1869. *Chiffre, couleur sur blanc.*

1. 1 kr. bleu........ » 15 » »
2. 2 » bistre........ » 25 » »

INDES ANGLAISES.

1854. *Reine, types divers.*

		Neufs.	Oblitér.
1. 1/2 anna bleu.....		2f 50	1f »
3. 1 anna rouge...	3f »	» 35
4. 2 » vert.....	» »	» 35
5. 4 » rouge et bleu....	» »	» 35

1858. *Reine, couleur sur papier glacé, piq. 14.*

6. 1/2 anna bleu.....	» 25	» 10
7. 1 » brun........	» 30	» 10
8. 1 » brun sur bleuté	» »	» »
8b 2 » vert........	» »	» »
9. 2 » rougeâtre...	» »	1f »
10. 2 » orangé......	» »	» 50
11. 2 » jaune........	1f »	» 10
12. 4 » noir........	2f »	» 10
13. 4 » noir sur bleuté	» »	» 50
14. 8 » rose........	2f 25	» 45
15. 8 » rose sur bleuté	» »	» 50
16. 8 pies violet........	» 25	» 10

1866. *Même type, tête d'éléphant en filigrane, piq. 14.*

17. 1/2 anna bleu....	» 25	» 10
18. 1 » brun.....	» 30	» 10
19. 2 » orange...	» 75	» 10
20. 4 » vert.....	» »	» 50
20b 8 » rose.....	2f 25	» 10

1866. *Grand timbre de commerce, avec* POSTAGE *imp. en vert; provisoire, piq. 14.*

21. 6 anna violet......	» »	2f 50

On trouve le mot postage de deux grandeurs.

1866. *Type nouveau, couleur sur blanc, tête d'éléph. en filig., piq. 14.*

		Neufs.	Oblitér.
22. 4 annas vert.......	» »	» 16
23. 6 » 8 pies lilas	2f 25	» 50

Pour la correspondance officielle, on imprime le mot SERVICE sur les timbres ordinaires ou sur des timbres de commerce.

ENVELOPPES.

1861. *Effigie, relief et couleur.*

24. 1/2 anna bleu sur p. jaunâtre.	» 35	» »
25. 1/2 » bleu sur p. blanc...	» 25	» »
26. 1/2 » bleu sur feuille..	» »	» »
27. 1/2 » brun sur bleu.....	» 50	» »

INDES NÉERLANDAISES.

1864. *Effigie du roi Guillaume.*

		Neufs.	Oblitér.
1. 10 cents carmin...	1f »	» 75	
3. 10 » » *piq.* 12	» 75	» 35	

IONIENNES (ILES).

1859. *Reine, légende grecque, chiffre en filig.*

	Neufs.	Oblitér.
1. Jaune............	1f »	» »
2. Bleu............	1f50 »	» »
3. Rouge..........	2f »	» »

ITALIE

ET ANCIEN ROYAUME DE **SARDAIGNE.**

1850. *Victor-Emmanuel, couleur sur blanc.*

	Neufs.	Oblitér.
1. 5 cent. noir........	5f »	» »
2. 20 » bleu........	4f »	» 50
3. 20 » bleu foncé.	4f »	» 50
4. 40 » carmin....	10f »	» »
5. 40 » magenta...	» »	» »

1853. *Le même, en relief, sur papier de couleur.*

	Neufs.	Oblitér.
6. 5 cent. vert.......	6f »	2f50
7. 20 » bleu.......	4f »	» 50
8. 40 » rose.......	6f »	2f50

1854. *Le même, cadre de couleur, centre blanc et en relief.*

		Neufs.	Oblitér.
9. 5 cent. vert......	»	»	4f »
10. 5 » vert pomme	5f »	2f »	
11. 20 » bleu......	»	»	» 50
12. 20 » bleu foncé.	3f »	» 25	
13. 40 » carmin....	»	»	10f »
13a 40 » carmin clair	5f »	2f »	

1855-1863. *Le même, légendes blanches.*

	Neufs.	Oblitér.
14. 5 cent. vert foncé..	» 10	» 05
15. 5 » vert clair..	» 10	» 05
16. 5 » vert jaune..	» »	» 25
17. 5 » vert olive..	» »	» 15
18. 10 » jaune.......	» 15	» 05
19. 10 » bistre......	» 10	» 05
20. 10 » brun.......	» 15	» 10
21. 10 » brun noir..	» »	» 25
22. 15 » bleu.......	» 30	» 10
23. 15 » bleu pâle...	» 10	» 10
24. 20 » bleu.......	» 10	» 05
25. 20 » bleu noir...	» 10	» »
26. 20 » bleu pâle...	» 20	» 05
27. 40 » carmin....	» 10	» 05
28. 40 » rose pâle..	» 20	» 05
29. 40 » rouge vif...	» 50	» 10
30. 80 » jaune......	» 10	» 25
31. 80 » citron......	1f »	» »
32. 80 » ocre.......	1f »	» »
33. 80 » ocre pâle...	1f »	» »
34. 3 lire bronze..:...	» 50	» »

On trouve de ces timbres avec la tête renversée, ou sans tête,

chaque..............	2f »	» »

Les mêmes, piq. 9 1/2, 10, 10 1/2, 11, 11 1/2, 13, 13 1/2, 14.

	Neufs.	Oblitér.
35. 5 cent. vert.......	» 50	» »
36. 10 » bistre......	» 50	» »
37. 20 » bleu.......	» 10	» »
38. 40 » carmin.....	» 10	» »
39. 80 » jaune......	» 10	» »
40. 3 lire bronze.....	2f50	» »

1863. *Même effigie, lithographié.*

41. 15 cent. bleu......	» 10	» 05

1863. *Effigie à gauche, papier glacé, couron. en filig., piq. 14.*

		Neufs.	Oblitér.
42. 5 cent.	gris vert...	» 10	» 05
43. 10 »	jaune......	» 25	» 05
44. 10 »	jaune brun.	» 20	» 05
45. 15 »	bleu......	» 30	» 05
46. 15 »	bleu pâle...	» 30	» 05
47. 30 »	brun........	» 60	» 05
48. 40 »	carmin.....	» 80	» 05
49. 60 »	lilas........	1f »	» 10
50. 2 lire	rouge......	3f »	» 15

1864. *Le 15 c. ci-dessus, avec 20 c. appliqué en noir.*

51. 20 cent. bleu........ » 40 » 05

1867. *Couleur s. blanc. piq. 14.*

53. 20 cent. bleu..... » 40 » 05

1863. CHIFFRE-TAXE (SEGNA-TASSA).

54. 10 cent. jaune.... » 50 » 25
55. 10 » ocre...... » 50 » 25

1869. *Type différent, piq. 10.*

77. 10 cent. jaune brun » 35 » 15

1860. *Chiffre en relief, cadre imprimé.*

			Neufs.	Oblitér.
56. 1 cent.	noir.......		» 10	» 05
57. 1 »	verdâtre....		» 25	» 20
58. 2 »	noir.......		» 15	» »
59. 2 »	verdâtre...		» 35	» 25
60. 2 »	jaune......		» 25	» 10
61. 2 »	bistre......		» 15	» 10
62. 1 c. en relief dans un cadre du 2 c..		5f »	»	»
63. 2 c. en relief dans un cadre du 1 c.		5f »	»	»

1863. *Chiffre imprimé sur papier glacé, piq. 14.*

64. 1 cent. verdâtre ... » 05 » »
65. 1 » verdâtre pâle » 05 » »
66. 2 » chocolat.... » 10 » »

ENVELOPPES.

1819. *Pour l'expédition particulière des lettres après le départ du courrier; papier généralement filigrané, estampille bleue (courrier à cheval).*

71. 15 cent. estampille ronde. » »
72. 25 » » ovale..... » »
73. 50 » » octogone. » »

1820. *Même genre, armoiries de Savoie, grecque et l'inscription :* corrispondenza autorizzata in corso-particolare-per pedoni-ed altro occazione *en filigrane, estampille en relief.*

Neufs. Oblitér.

74. 15 cent. estampille ronde. » »
75. 25 » » ovale.... » »
76. 50 » » octogone. » »

Ces enveloppes sont rares.

Ancien timbre-taxe des journaux.

68. 1 cent noir........ » » » »
69. 5 » noir........ » » » »
70. Timbres de journaux frappés à la main, ronds, ovales, *periodici franchi; stampali franchi,* etc, rouges et noirs, chaque : 25 et 50 c.

ESSAIS.

A. Pancarte avec les 8 timbres officiels de 1863, frappés du mot *saggio* (essai), la pancarte... 1 fr. 50
B. Croix de Savoie au centre, chiffres aux angles supérieurs, couleur sur teinté, armoiries en filigrane : 15 cent. vert............ 50 c.
C. Le même, petite couronne gaufrée au verso............. 50 c.
D. Même dessin, couleur sur carte glacée : 1 c. bleu, 5 c. jaune, 10 c. noir, 15 c. rouge, 30 c. vert, 40 c. violet, 80 c. carmin, 3 lire rouge. chaque................. 50 c,
E. Effigie du roi, autant de types que de valeurs, taille-douce ou report, jolis guillochages ; couleurs diverses : 1 c. (chiffre) 5 c., 10 c., 15 c., 30 c., 40 c., 60 c., 3 lire : chaque 50 c.

N. Petite effigie à gauche, genre numismatiques, encadrement à dents, chiffre aux angles, couleurs diverses ; chacun........ 1ᶠ » » »
F. SEGNA-TASSE, courrier à cheval couleurs diverses, chacun.. » 25 c.
G. PERIODICI-FRANCHI, effigie, couleurs diverses, chacun......... » 25 c.
H. TELEGRAFI ITALIANI, facteur, couleurs diverses, chacun.. » 25 c.

TIMBRES ADMINISTRATIFS I. ronds légende, pas de dessin, 4 différents, chacun.............. » 25 c.
J. ronds festonnés, effigie on armoiries, rouge, bleu, chacun » 50 c.
K. carrés, effigie, armoiries, ou déesse, couleurs diverses, chacun » 50 c.
L. carrés, armoiries, grande ou petite dimension, rouge, bleu, chacun............. » 50 c.
M. carrés, grands, belle gravure, genre numismatique, avec et sans effigie, couleurs diverses, chacun.............. 1ᶠ 50 c.

JAMAIQUE.

1860. *Reine, types divers, ananas en filig., piq. 14,*

1. 1 penny bleu...... » 25 » »
2. 1 » bleu pâle.. » 25 » 15
3. 2 pence carmin.... » 50 » 10
4. 2 » rose...... » 50 » 20
5. 3 » vert...... » 75 » 20
6. 4 » orange.... 1ᶠ » » 50
7. 4 » orange pâle 1ᶠ » » 35
8. 6 » lilas...... 1ᶠ50 » 50
9. 6 » lilas pâle.. 1ᶠ50 » 35

Neufs. Oblitér.
10. 1 shill. brun violet. » » » 75
11. 1 » brun....... 2f50 » 35

Pour la correspondance officielle on perce ces timbres d'un petit trou.

Timbres de commerce.

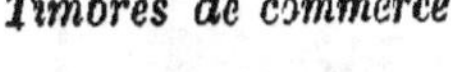

A. 3 pence violet...... » 75 » 50
B. 3 1/2 pence bleu.... 1f » » 50

LIBÉRIA (Afrique).

1860. Déesse, encadrement sans filet, ext., papier jaunâtre, piq. 12.

1. 6 cents rouge..... 5f » » »
2. 12 » bleu....... 5f » » »
3. 24 » vert....... 5f 3f »

Les mêmes, non dentelés.

4. 6 cents rouge foncé. » » » »
5. 12 » bleu foncé. » » » »
6. 24 » vert foncé.. » » » »

1864. Les mêmes, encadrement à un filet ext., piq., 11, 12.

7. 6 cents rouge...... 1f50 » »
8. 12 » bleu....... 2f » »
9. 24 » vert....... 3f » »

1867. Les mêmes, double filet, lithographiés, papier mince.

10. 6 cents rouge pâle 2f » » »
11. 12 » bleu pâle. 1f75 » »
12. 24 » vert pâle.. 2f50 » »
13. 24 » vert foncé. 2f50 » »

1869. Les mêmes, sans filet.

Neufs. Oblitér.
14. 6 cents rouge.... » 75 » »
15. 12 » bleu vif... 1f25 » »
16. 12 » bleu terne. 1f25 » »
17. 24 » vert...... 2f50 » »

ESSAIS. *Type officiel, lithographié, papier blanc mince.*

6 cents noir....... » 50 » »
12 » noir....... » 50 » »
24 » noir....... » 50 » »
6 » bleu....... » 50 » »
12 » vert....... » 50 » »
24 » rouge...... » 50 » »
6 » vert....... » 50 » »
12 » rouge..... » 50 » »
24 » bleu...... » 50 » »
La Collection..... 4f » »

LIVONIE (CERCLE DE WENDEN).

1862. Rectangle en long, coul. sur blanc.

1. Noir sur rose, *Brief-marke*.......... » » » »
2. Noir sur vert, *Pac-kemmarke*....... 1f50 » »

1863-64. En hauteur, ovale.

3. Rouge, centre vert. 1f50 » 75
4. Le même, griffon au centre...... .... » » » »

LOMBARDO-VÉNÉTIE
ET
BUREAUX DE POSTE AUTRICHIENS

A L'ÉTRANGER :

Moldo-Valachie, Turquie d'Europe et d'Asie, Égypte.

1850. Aigle autrichienne

1. 5 cent. jaune...... » » » »
2. 5 » orange..... » » » 75

Left column

			Neufs.	Oblitér.
3.	10 cent.	noir.........	» »	» 50
4.	15 »	rouge......	» »	» 10
5.	15 »	rouge pâle.	» »	» 10
6.	30 »	brun.......	» »	» 10
7.	45 »	bleu........	» »	» 15
8.	45 »	bleu pâle..	» »	» 15

1859. Carré, effigie à gauche, p. 15.

9.	2 soldi	jaune......	1ᶠ »	» »
10.	3 »	noir........	2ᶠ »	» 35
11.	3 »	vert........	2ᶠ »	» 25
12.	5 »	rouge.......	2ᶠ »	» 15
13.	10 »	brun.......	2ᶠ »	» 15
14.	15 »	bleu........	2ᶠ »	» 15

1861. Ovale, effigie à droite, p. 14.

15.	5 soldi	rouge......	1ᶠ25	» 15
16.	10 »	brun.......	2ᶠ »	» 25

Tous les timbres précédents ont été réimprimés en couleurs plus vives, et, sauf la première émission, piq. 12, chaque............. 1 fr.
De 1861 on a imprimé en plus :

16 A	2 soldi	jaune......	» 25	» »
16 B	3 »	vert.......	1ᶠ »	» »
16 C	15 »	bleu	1ᶠ »	» »

1863. Ovale, aigle autrichienne, petite piq. 14.

17.	2 soldi	jaune......	» 50	» »
18.	3 »	vert.......	» 75	» 25
19.	5 »	rose.......	» 75	» 25
20.	10 »	bleu.......	1ᶠ50	» 25
21.	15 »	bistre.....	2ᶠ »	» 25

1864. Les mêmes, grosse piq. 9 1/2.

22.	2 soldi	jaune......	» 35	» »
23.	3 »	vert.......	» 25	» »
24.	5 »	rose.......	» 35	» 10
25.	10 »	bleu.......	» 50	» 10
26.	15 »	bistre.....	» 75	» 10

Right column

Bureaux étrangers seuls.

1867. Effigie sans relief, couleur sur blanc, piq. 9 1/2.

			Neufs.	Oblitér.
40.	2 sold.	jaune.....	» 15	» »
41.	3 »	vert.......	» 15	» »
42.	5 »	rose.......	» 25	» »
43.	10 »	bleu......	» 50	» 15
44.	15 »	brun.....	» 60	» 15
45.	25 »	violet.....	1ᶠ25	» 20
46.	50 »	chair piq. 12	2ᶠ »	» 35

ENVELOPPES.

Mêmes types que les timbres.

1861. Ovales, effigie, relief et coul.

27.	3 soldi	vert.......	1ᶠ50	» »
28.	5 »	rouge......	1ᶠ50	» »
29.	10 »	brun rouge.	1ᶠ50	» »
30.	15 »	bleu.......	2ᶠ »	» »
31.	20 »	orange.....	3ᶠ »	» »
32.	25 »	brun foncé.	3ᶠ »	» »
33.	30 »	violet......	4ᶠ »	» »
34.	35 »	brun clair..	5ᶠ »	» »

1863. Ovales, aigle.

35.	3 soldi	vert.......	» 75	» »
36.	5 »	rose.......	1ᶠ »	» »
37.	10 »	bleu.......	1ᶠ50	» »
38.	15 »	bistre......	1ᶠ50	» »
39.	25 »	violet......	1ᶠ75	» »

1867. Carrés, effigie.

48.	3 sold.	vert.......	» 20	» »
49.	5 »	rose.......	» 35	» »
50.	10 »	bleu......	» 50	» »
51.	15 »	brun.......	» 75	» »
52.	25 »	violet.....	1ᶠ25	» »

LUBECK.

1859. Armoiries, coul. sur blanc.

1.	1/2 sch.	violet.....	» 25	» »
2.	1 »	orange...	3ᶠ »	» »
3.	1 »	jaune....	» 35	» »
4.	2 »	brun....-	» 35	» »

Neufs.Oblitér.

5. 2 sch. brun (avec la légende du 2 1/2). 3f » »
6. 2 1/2 » carmin .. » 35 » »
7. 4 » vert...... » 25 » »

Les mêmes avec petites étoiles en filigrane.

1863. Ovales, relief et couleur per. li.

8. 1/2 sch. vert..... » 15 » »
9. 1 » rouge.... » 15 » »
10. 2 » rose..... » 30 » »
11. 2 1/2 » bleu..... » 30 » »
12. 4 » bistre... » 35 » »

13. 1 1/2 » violet.... » 15 » »
14. 1 1/4 » brun (li-thogr.). » 35 » »
14 b Le même, non perc. » 15 » »
14 c » foncé ... » 15 » »

ENVELOPPES.

1863. Ovales, aigle, relief et coul. timbrée à gauche.

15. 1/2 sch. vert...... » » » »
16. 1 » rouge.... 1f » » »
17. 2 » rose..... 1f » » »
18. 2 1/2 » bleu..... 1f » » »
19. 4 » bistre.... » » » »

Les mêmes, timbrées à droite.

20. 1/2 sch. vert..... » 35 » »
21. 1 » rouge.... » 25 » »
22. 1 1/2 » violet.... » 25 » »
23. 2 » rose..... » 35 » »
24. 2 1/2 » bleu..... » 35 » »
25. 4 » bistre.... » 50 » »

TIMBRES DE FRANCHISE. (*Armoiries en relief.*)

Neufs. Oblitér.

26. Direction générale des postes, vert. » 25 » »
27. Direction générale des télégraphes, bleu.......... » 25 » »

LUXEMBOURG.

1852. Effigie du roi Guillaume, W en filig.

1. 10 cent. noir..... » » » 25
2. 10 » gris..... » » » 20
3. 1 silb. rose..... » » 1f50
4. 1 » rouge.... » » 1f50
5. 1 » brun..... » » 1f50

1859. Armoiries, types divers, couleur sur blanc.

6. 1 cent. bistre..... » 20 » »
7. 2 » noir...... » 20 » »
8. 4 » jaune..... » 20 » »
9 10 » bleu...... » 60 » 25
10. 12 1/2 » rose...... » 68 » 35
11. 25 » brun..... » 75 » 35
12. 30 » violet.... » 75 » 35
13. 37 1/2 » vert ..... 1f50 » 50
14. 40 » rouge..... 1f50 » 50

1865-67. Les mêmes, per. li. et li. co.

15. 1 cent. brun foncé » 10 » 05
15 a 1 » bistre.... » 05 » 05
16. 2 » noir..... » 10 » »
17. 4 » jaune.... » 25 » »
18. 10 » lilas..... » 25 » 05
19. 12 1/2 » rose..... » 25 » 10

Neufs. Oblitér.

24. 20 » bistre.... » 50 » 25
20. 25 » bleu..... » 60 » 15
21. 30 » violet ... » 60 » 25
22. 37 1/2 » bistre.... 1f » » 35
23. 40 » orange... » 75 » 25

MADÈRE (Afrique).

1868-69. *Timbres portugais de 1866, avec le mot* MADERE *imprimé en noir.*

1. 5 reis. noir...... » » » »
3. 20 » bistre..... 1f50 » »
4. 50 » vert ..... 2f » » »
5. 80 » orange.... 2f » » »
6. 100 » violet..... 3f » » »

Idem, piqués 13, MADERE *en rose.*

7. 5 reis noir....... 1f » » »

Idem, MADERE *en noir.*

8. 10 reis jaune .... » » » »
9. 20 » bistre..... » 75 » »
10. 25 » rose....... 1f » » 50
11. 50 » vert...... 2f » » »
12. 80 » orange.... 2f50 » »
13. 100 » violet..... 3f » » »
14. 120 » bleu...... 3f » » »
15. 240 » violet..... 4f » » »

MALACCA (Inde)

(Possessions anglaises du détroit de) 1867. *Timbres des Indes anglaises avec, en surcharge, une couronne et la valeur.*

1. 3/2 c. rouge sur 1/2 anna 50 » »
2. 2 » rouge, » 1 1f » » »
3. 3 » bleu » 1 1f50 » »
4. 4 » noir » 1 2f » » »
5. 6 » pourp. » 2 » » » »
6. 8 » vert » 2 » » » 75

7. 12 » carmin» 4 » » » »
8. 24 » bleu » 8 » » » 75
9. 32 » noir » 2 » » 2f50

1868. *Effigie de la reine, deux types, C C. en filig. piq. 14*

10. 2 cents brun .... 25 » » 15
11. 4 cents rose...... 50 » » 35
12. 6 » violet...... 75 » » 25
13. 8 » jaune...... 1f » » 25
14. 12 » bleu........ 1f50 » » 25
15. 24 » vert .... 2f50 » 25
16. 32 » rouge...... 3f50 » » 25
17. 96 » gris vert... 10f » » 20

MALTE.

1860. *Reine, papier bleuté, piq. 14.*

1. 1/2 penny bistre... 10f » » »
Le même, papier blanc.
2. 1/2 penny bistre.. 1f50 » »
Le même, CC couronné en filigrane.
3. 1/2 penny bistre.. » 25 » »
4. 1/2 » orange.. » 15 » »

MAURICE (ILE).

1851. *Effigie diadémée, dessin grossier,* POST PAID, *couleur sur bleu..*

1. 1 penny rouille.... » » 5f »
2. 2 pence bleu..... » » 15f »
Les mêmes, couleur sur blanc.
1 b 1 penny rouille ... » » 6f »
2 b 2 pence bleu...... » » 15f »

Les mêmes, avec POST-OFFICE.

                        Neufs. Oblitér.
3. 1 penny rouille... » » » »
4. 2 pence bleu...... » » » »

1852. Même genre, effigie, ceinte d'un bandeau.
5. 2 pence bleu foncé. » » » »

1853. Même genre, effigie diadémée, MAURITIUS, *écrit de haut en bas.*
6. 2 pence bleu...... » » 6ᶠ »
7. 2 » bleu pâle.. » » 5ᶠ »

1858. Effigie, bordure grecque.
8. 1 penny rouge.... » » 10ᶠ »
9. 2 pence bleu...... » » 5ᶠ »

1856-57. Déesse assise.
. Rouge sur bleuté... 1ᶠ50 » »
11. Rouge............ 1ᶠ50 » »
12. Vert............. » » 12ᶠ »
13. Bleu............. 1ᶠ50 » »
14. Magenta......... » » 4ᶠ »

Même type, valeur appliquée en noir.
15. 4 pence vert...... » » » »

1862. Même type, valeur en bas
16. 6 pence bleu...... » » 1ᶠ50
17. 6 » lilas...... 4ᶠ » » »
18. 1 shill. rouge..... » » 2ᶠ »
19. 1 » vert...... » » 2ᶠ »

Les mêmes, piq. 14.
20. 6 pence ardoise.... 3ᶠ » » »
21. 1 shill. vert...... » » 4ᶠ »

1861. Effigie, couleur sur papier blanc, piq. 14.

22. 1 penny brun clair. » 5ᶠ » »

                        Neufs. Oblitér.
23. 2 pence bleu..... » » » 75
24. 4 » rose. .... » » » 50
25. 6 » vert ... . » » 2ᶠ »
26. 6 » lilas..... » » » 50
27. 9 » violet clair » » » 75
28. 1 shill. vert...... » » 2ᶠ50
29. 1 » jaune..... » » » 50

1863. Les mêmes, avec CC *en filig., piq. 14.*
30. 1 penny brun.... » 25 » 15
31. 2 pence bleu...... » 50 » 15
32. 3 » rouge..... » 75 » »
33. 4 » rose...... 1ᶠ » » 10
34. 6 » lilas...... » » » 50
35. 6 » vert...... 1ᶠ50 » 50
36. 1 shill. jaune..... » » » 25
37. 5 » violet..... » » 2ᶠ »
37ᵃ 5 » violet clair » » 1ᶠ »

ENVELOPPES.

1863. Formes diverses, relief et couleur.

38. 6 pence violet..... 1ᶠ75 » »
49. 6 » violet brun 6ᶠ » » »
40. 9 » brun...... 2ᶠ25 » »
41. 1 shill jaune..... » » » »

MECKLEMBOURG-SCHWERIN.

1856. Tête de bœuf.
1. 4/4 sch. rouge.... » » 1ᶠ25

Même type, grande dimension.
3. 5 sch. jaune...... » 65 » »
4. 5 » bleu ...... 1ᶠ50 » »

1864. *Les mêmes, per. li.*

Neufs. Oblitér.

					Neufs	Oblitér
5.	4/4 sch.	rouge (fond blanc)..	» 25	»	»
6.	1/4 »	*du précéd.*	» 10	»	»
7.	3 »	jaune....	» 25	»	»
8.	5 »	bistre....	» 75	»	»
20.	2 »	violet....	» 25	»	»

ENVELOPPES.

1856. *Ovales, en relief, inscriptions transversales en gros caractères.*.

	sch.	rouge......	»	»	3f »
10.	1 1/2 »	vert.......	»	»	3f »
11.	3 »	jaune......	»	»	2f50
12.	5 »	bleu.......	»	»	» »

Les mêmes, inscription en petits caractères.

12.	1 sch.	rouge......	» 25	»	»
13.	1 »	rouge pâle.	» 25	»	»
19.	1 1/2 »	vert.......	1f25	»	»
25.	2 »	violet......	» 25	»	»
11.	3 »	jaune......	» 50	» 25
16.	3 »	jaune pâle.	» 50	» 25
17.	5 »	bleu.......	3f »	» »
18.	5 »	bistre......	1f »	» »

MECKLEMBOURG-STRELITZ.

1864. *Armoiries, tête de bœuf, p. li.*

1.	1/4 silb.	orange...	» 25	»	»
2.	1/3 »	vert.....	» 25	»	»
3.	1 »	rose.....	» 25	»	»
4.	1 schill.	violet....	» 25	»	»

Neufs. Oblitér.

5.	2 silb.	bleu.....	» 35	»	»
6.	3 »	bistre....	» 35	»	»

ENVELOPPES.

Même type.

7.	silb.	rose.......	1f50	»	»
8.	2 »	bleu.......	1f50	»	»
9	3 »	bistre......	2f50	»	»

MEXIQUE.

1857. *Effigie, couleur sur blanc.*

9.	1/2 réal	bleu foncé.	4f »	»	»
10.	1/2 »	bleu pâle..	» »	1f	»
11.	1 »	jaune.....	3f »	»	75
12.	1 »	jaune pâle.	» »	»	75
13.	2 »	vert......	» »	»	75
14.	2 »	vert jaune.	3f50	»	75
15.	2 »	vert bleu..	» »	»	75
16.	4 »	rouge.....	7f »	3f	»
17.	8 »	violet.....	» »	»	»

1861. *Même type, imp. noir sur couleur.*

23.	1/2 réal	chamois...	1f »	2f	»
24.	1 »	vert.......	3f »	»	75
25.	2 »	rose.......	» »	»	50
26.	4 »	jaune.....	» »	»	»
27.	8 »	fauve......	10f »	6f	»

Même type, couleur sur couleur.

28.	4 reales	rouge s. jaune	6f »	1f50
29.	8 »	vert s. fauve.	12f »	5f »

1864. *Type analogue, gravure et impression soignées, couleur sur blanc; piq. 12.*

32.	1 real	vermillon...	3f »	» »
33.	2 »	bleu	3f »	» »

	Neufs.	Oblitér.	
34. 4 » brun........	3f »	»	»
35. 1 pesoonir	3f »	»	»

1864. *Aigle impériale.*

			Neufs.		Oblitér.	
45. 3 centav.	brun......	»	»	»	»
46. 1/2 réal	brun....	»	»	»	»
47. 1/2 »	lilas......	1f	»	» 75
48. 1 »	bleu.....	1f	»	» 75
49. 1 »	bleu terne	»	»	1f »
50. 2 »	orange...	1f50	» 50
51. 2 »	jaune....	»	»	» 35
52. 4 »	vert.....	3f	»	» 75
53. 8 »	rouge....	5f	»	1f25

1866. *Effigie de l'empereur Maximilien, report lithographique défectueux, couleur sur blanc.*

54. 7 cents, lilas pâle.	10f	»	»	»
55. 13 » bleu......	»	»	5f »
56. 25 » jaune. ...	»	»	2f »
57. 50 » vert	»	»	3f »

1867. *Même type, gravé et imprimé en taille-douce.*

58. 7 cents violet.....	1f	»	»	»
59. 13 » bleu	1f	»	2f »
60. 25 » jaune....	1f	»	1f »
61. 50 » vert......	1f	»	1f »

1867. *République.* FRANCO EN GUA-DALAJARA, 1867, *Ronds, noir sur papier de couleur, uni, vergé ou quadrillé; percés en pointe ou non.*

		Neufs.		Oblit.	
62. 1/2 réal blanc.....	»	»	»	»
63. 1 » vert......	»	»	»	»
64. 1 » bleu......	»	»	»	»
65. 1 » blanc.....	»	»	»	»
66. 2 » vert......	»	»	»	»
67. 2 » rose......	»	»	»	»
68. 4 » bleu......	»	»	»	»
69. 4 » rose......	»	»	»	»
70. 1 peso lilas......	»	»	»	»

1868. *Mêmes timbres.*

71. 1 réal vert......	»	»	»	»
72. 2 » rose......	»	»	»	»
73. 2 » lilas......	»	»	»	»

1867. *Type de 1857, couleur sur bleuté.*

		Neufs.		Oblit.	
75. 1/2 réal vert gris..	»	»	»	»
76. 1 » bleu......	»	»	»	»
77. 2 » vert......	»	»	3f »
78. 4 » lie de vin.	»	»	2f »
80. 4 » rouge sur jaune...	»	»	» 75
81. 8 » noir sur fauve...	»	»	5f »

1868. *Effigie, MEXICO en haut, couleur sur couleur, piq. 19 1/2.*

82. 6 cent. noir sur chamois......	1f	»	»	»
83. 12 » noir s. vert.	1f50	» 50
84. 25 » bleu s. rose.	3f	»	» 50
85. 50 » noir s. jaune	5f	» 35
86. 100 » » fauve	10f	»	» 75
87. 100 » brun s. fauve	»	»	5f »

Les mêmes, non dentelés.

Tous les timbres du Mexique, excepté ceux de Guadalajara ronds, ont une surcharge noire indiquant le nom des Etats. On trouve des neufs sans surcharge.

MODÈNE.

GOUVERNEMENT DUCAL.

1854. *Aigle, noir sur papier de couleur.*

```
 1. 5 cent. vert foncé    »   »   » 25
 2. 5    »    vert......   » 25   »   »
 3. 10   »    rose......   » 25   »   »
 4. 10   »    violet.....  » 25   » 20
 5. 15   »    jaune.....   » 25   »   »
 6. 25   »    paille.....  » 25   »   »
 7. 40   »    bleu......   » 25   »   »
 8. 40   »    bleu clair.  1ᶠ »   »   »
 9. 1  lira   blanc.....   » 50   »   »
10. 9 cent. B G. violet.   »   » 10ᶠ »
11. 9   »   B. G. violet. 1ᶠ50   » 25
La série de 8 valeurs avec
   le TASSA GAZETTE....  2ᶠ »   »   »
```

Mêmes timbres, avec fautes typographiques.

5 CNET vert. — 5 CENI vert. — 5 CCNT vert — 5 EENT vert.. — » CENT (sans 5). — 10 CENI violet. — 10 CNET rose. — 10 GZET rose. — 10 CENE roue. — 10 CE6T rose. — 15 CETN ja ne. — 40 CNET bleu. — 40 CENE bleu. — 40 CE6T bleu. — 49 CENT bleu. 4C CENT bleu. Chaque.. 2ᶠ »

TASSA GAZETTE.

```
28. 10 cent. blanc.....  » 50   »   »
```

GOUVERNEMENT PROVISOIRE.

1859. *Croix de Savoie.*

```
29. 5 cent. vert.......   » 50   »   »
30. 15   »   brun.......  » 50   »   »
31. 15   »   gris.......  » 50   »   »
32. 25   »   lilas......  » 50   »   »
33. 20   »   bleu.......  » 50   »   »
34. 40   »   rose.......  » 50   »   »
35. 40   »   rose pâle...  » 50   »   »
36. 80   »   orange vif..  » 50   »   »
37. 80   »   orange pâle.  » 50   »   »
La série de 5 valeurs...  2ᶠ »   »   »
```

Les mêmes, avec fautes d'impression.

Neufs. Oblitér.

```
38. 5 au lieu de 15 c. brun  3ᶠ »  »  »
39. 20 ECNT lilas........    3ᶠ »  »  »
40. 20 ECNT bleu........     3ᶠ »  »  »
41. 8 au lieu de 80 c.
       orange...........     3ᶠ »  »  »
42. 80 CREY orange.....      3ᶠ »  »  »
```

MOLDAVIE.

1853. *Tête de bœuf dans un rond, papier de couleur, vergé.*

```
1. 27 paras rose......   »   »   »   »
2. 54   »    vert......  »   »   »   »
3. 81   »    bleu.....   »   »   »   »
4. 108  »    rose.....   »   »   »   »
```

Tête de bœuf dans un carré, papier bleuté.

```
8. 40  »   bleu......   »   »   »   »
9. 80  »   rouge.....   »   »   »   »
```

Les mêmes, papier blanc.

```
10. 5 paras noir......   »    »   »   »
11. 40   »   bleu......  3ᶠ50  »   »
12. 80   »   rouge.....  3ᶠ50  »   »
```

MOLDO-VALACHIE.

1862. *Tête de bœuf et aigle.*

```
17. 3 paras orange.....  1ᶠ25   »   »
18. 3   »    jaune pâle. 1ᶠ25   »   »
19. 6   »    rouge.....  1ᶠ »    »   »
20. 6   »    brun......  1ᶠ »    »   »
21. 6   »    rose......  1ᶠ »    »   »
22. 30  »    bleu......  1ᶠ25   » 25
23. 30  »    bleu foncé. 1ᶠ25   » 25
```

Les mêmes, papier vergé.

1863. *Effigie du prince Couza.*

```
27. 2 paras jaune.....   »   »   » 50
28. 2   »   orange....   » 25   »   »
29. 5   »   bleu......   » 35   »   »
```

		Neufs.	Oblitér.
30. 5 paras bleu foncé.	» 35	»	»
31. 20 » rouge.....	1f »	» 25
32. 20 » rouge vif..	1f »	» 25
33. 20 » rouge vif (type diff.)	1f »	»	»

1866. *Mémes effigie, timbres n'ayant pu avoir cours.*

		Neufs.	Oblitér.
34. 2 parale jaune.....	1f »	»	»
35. 5 parale bleu......	1f »	»	»
36. 5 » carmin....	1f »	»	»

1866. *Effigie du prince de Hohenzollern, noir sur couleur.*

		Neufs.	Oblitér.
37. 2 parales jaune ...	» 15	»	»
38. 5 » bleu.....	» 25	»	»
39. 20 » rose......	» 75	» 15
39 a 20 » rouge....	1f »	» 50

Les mémes, sur papier plus clair.

1868, *Méme type, couleur s. blanc.*

		Neufs.	Oblitér.
40. 2 bani orange......	» 15	» 10
41. 4 » bleu........	» 25	» 15
42. 18 » rose.........	» 50	» 15
43. 18 » rouge........	1f »	» 25

1869. *Méme genre.*

		Neufs.	Oblitér.
44. 5 bani jaune.....	» 10	»	»
45. 10 » bleu......	» 25	» 10

		Neufs.	Oblitér.
46. 15 » rouge...	» 30	» 10
47. 25 » jaune,bleu	» 50	» 15
48. 50 » bleu,rouge	1f »	» 20

ESSAIS.

A. couleur sur blanc, rouge, bistre, bleu, vert, chacun.........	50 c.

MONTEVIDEO.

1856. DILIGENCIA, *soleil.*

			Neufs.	Oblitér.
1. 60 cent. bleu......	25f	»	»	»
2. 80 » vert........	5f	»	»	»
3. 80 » vert pâle..	5f	»	»	»
4. 1 réal rouge.....	3f	»	»	»
5. 1 » rougepâle.	3f	»	»	»

Soleil, valeur indiquée deux fois.

			Neufs.	Oblitér.
6. 120 centes. bleu...	10f »	»	»
7. 180 « vert.....	3f »	»	»
8. 180 » vert pâle	3f »	»	»
9. 240 » rouge...	1f 25	»	»
10. 240 » rougepâle	1f 25	»	»

Méme genre, plus petit, valeur indiquée une fois, chiffres minces.

			Neufs.	Oblitér.
11. 60 centes. lilas.....	»	» 2f	»
12. 80 » jaune....	»	» 2f	»
13. 100 » carmin...	»	» 2f	»
14. 120 » bleu.....	»	» 2f	»
15. 180 » vert.....	»	» 2f 50
16. 240 » rouge....	4 50	»	»

Les mémes, chiffres gras.

			Neufs.	Oblitér.
17.	60 centes.	lilas foncé	1f »	» 50
18.	60 »	lilas clair.	1f »	» 40
19.	60 »	brun.....	» »	» 40
20.	80 »	jaune....	1f50	1f »
21.	80 »	orangé...	» »	1f »
22.	100 »	rose.....	1f50	» 75
23.	100 »	carmin...	» »	1f »
24.	120 »	bleu.....	1f50	» 75
25.	120 »	bleu pale.	» »	» 75
26.	180 »	vert.....	5f »	» »

1864. REPUBLICA ORIENTAL, *armes.*

27.	06 centes.	rose.....	1f »	» 50
28.	06 »	rouge....	» »	1f50
29.	08 »	vert......	1f25	1f »
30.	10 »	jaune....	1f25	» 60
31.	12 »	bleu.....	1f50	» 60

1866. Provisoirement, les mêmes timbres ont servi avec la nouvelle valeur surchargée en noir :

31 a	**5** centes.	*sur le* bleu	3f »	» 50
31 b	**10** »	vert..	3f »	» 50
31 c	**15** »	jaune	3f »	» 50
31 d	**20** »	rose..	3f »	» 50

1866. *Grand chiffre, coul. s. blanc.*

32.	5 centec. bleu......	» 50	» 35
33.	10 » vert......	1f »	» 50

34.	15 centec. jaune...	1f50	» 50
35.	20 » carmin..	2f »	» 50

Les mémes, couleurs trés-pâles.

Idem, piqués 13.

32 a	5 centec bleu....	» 50	» 20
33 a	10 » vert.....	1f »	» 35
34 a	15 » jaune....	1f50	» 50
35 a	20 » carmin..	2f »	» 35

Les mémes, avec fautes.

32 b	5 cent. (*sans S*)..	3f »	1f »
32 c	5 » (*S de travers*)	2f »	» 75

32 d	5 » (*blanc dans la tête du chiffre.*).......	3f »	1f50

TIMBRE POUR JOURNAUX

			Neufs.	Oblitér.
38.	1 centes.	noir......	» 20	» »

Idem, piqué 13.

38 a	1 centes noir.....	» 15	» »

ENVELOPPES.

1866. *Chiffre, relief et couleur sur blanc.*

36.	5 centec. bleu....	1f50	» 75
37.	10 » vert.....	2f »	» »

Les mémes, avec centeSimos.

39.	5 centes. bleu.....	» 75	» 50
40.	10 » vert.....	1f25	» »

POUR LE SERVICE DE L'ADMINIS-TRATION.

41.	Ovale en long. rouge	2f »	» »
42.	Ovale en haut. bleu.	2f »	» »

ESSAIS.

A. Type de 1866, noir sur papier carton, 5 c., 10 c., 15 c., 20 c., chacun...................... 3 fr.

B. Les mêmes, en couleurs foncées, sur papier carton, 5 c. bleu, 10 c. vert, 15 c. jaune, 20 c. carmin, chacun...................... 3 fr.

NATAL (Afrique).

1857. Nom, couronne et valeur en relief, sur pap. de couleur.

Neufs. Oblitér.

1. 1 penny jaune..... » » » »
2. 1 » rose........ » » » »
3. 1 » bleu........ » » » »
4. 3 pence rose ...... » » 3f »
5. 6 » vert....... » » » »
7. 9 » bleu....... » » » »
8. 1 shill. café au lait » » » »

Anciens de 1857 réimprimés.

1 bis. 1 penny jaune clair. 4f » » »
2 bis. 1 » rose...... 4f » » »
3 bis. 1 » bleu...... 1f » » »
4 bis. 3 pence rose...... 3f » » »
5 bis. 6 » vert...... 4f » » »
7 bis. 9 » bleu...... 5f » » »
8 bis. 1 shil. chamois... 5f » » »

1860. Reine, couleur sur blanc, piq.

9. 1 penny carmin... 1f » » »
10. 3 pence bleu...... » » » 50
11. 6 » gris lilas.. » » 2f »

Les mêmes, étoile en filigrane, non dentelés.

12. 1 penny carmin... » » » »
13. 3 pence bleu...... » » » »

Les mêmes, piq. 13, 13 1/2, 14, 15 1/2.

14. 1 penny rouge.... » » 1f »
15. 3 pence bleu ..... » » » »

Les mêmes, CC en filigrane.

Neufs. Oblitér.

16. 1 penny rouge.... » 50 » 35
18. 6 » violet .... 1f50 » 50

1867. Type différent.

19. 1 shil. vert....... 3f » 1f »

NÉVIS (Amérique).

1861. Trois femmes au bord d'une source, piq. 13.

1. 1 penny rose....... 1f25 » »
2. 4 pence rose ...... 2f » » »
3. 6 » violet..... 4f50 » »
4. 1 shill. vert....... 4f50 » »

1867. Type ordinaire, piq. 14.

5. 1 penny vermillon... » 50 » »
5a. 1 » carminé ... » 25 » »
6. 4 pence jaune...... 1f » » 50
8. 1 shil. vert bleu... 2f50 » »

NICARAGUA (Amérique).

1862. Montagnes, piq. 12.

1. 2 cent. bleu....... » 30 » »
2. 5 » noir....... » 75 » »

1869. Type légèrement différent.

3. 10 cent. rouge..... 1f25 » »
4. 25 » vert...... 2f75 » »

NORVÉGE.

1854. Lion dans un écusson.

1. 4 sk. bleu. .... 3f » » 25

1854-57. Oscar Ier, piq. 13.

2. 2 sk. jaune....... 1f » » 25

		Neufs	Oblitér.
3. 3 sk. lilas........		» 75	» 35
4. 4 » bleu........		» »	» 15
5. 8 » carmin......		» »	» 20

1863. *Lion dans un écu, piq. 14.*

6. 2 sk. jaune.......	» 35	» »
7. 3 » lilas........	» 50	» 30
8. 4 » bleu........	» 75	» 10
9. 8 » rose........	1f »	» 15
10. 24 » bistre......	2f 25	» 35

1867. *Type légèrement différent, chiffre avant et après skill.*

11. 1 skil. noir......	» 15	» 10
12. 2 » jaune.....	» 25	» 15
13. 3 » lilas......	» 35	» 15
14. 4 » bleu......	» 50	» 05
15. 8 » rose......	» 75	» 10

1866. *Spécial à la ville de Drontheim.*

17. » brun........	» 50	» »
17a » brun pâle...	» 35	» »
17b » jaune.......	» 35	» »

1865-68. *Spéciaux à la ville de Bergens.*

18. » trois tours, brun	1f »	» »

19. 2 skil. rose, piq. 9.	1f »	» »

1869. *Spéciaux à la ville de Drummen.*

20. 1 skil. bleu s. rose.	» 25	» »
21. 1 » bleu s. blanc	» 25	» »

		Neufs.	Oblitér.
22. 1 skil. violet......		» »	» »
23. 2 » vert........		» 50	» »
24. 2 » violet......		» 50	» »

Oblongs.

25. 1 skil. noir s. jaune	» 50	» »
26. 2 » rose........	» »	» »

NOUVEAU - BRUNSWICK (Amérique).

1857. *Fleurs de la Grande-Bretagne.*

1. 3 pence brun rouge	»	»	1f50
2. 6 » jaune.....	»	» 10f	»
3. 1 shill. violet......	»	» »	»

1860. *Types divers, piq. 12.*

4. 1 c. brun (locomotive)........	» 75	» »
5. 1 » violet (locom).	» 50	» »
6. 2 » orange (reine).	» 50	» »
7. 5 » vert (reine)..	1f »	» 35
8. 5 » vert foncé (r.).	» »	» 75
9. 10 » rouge (reine).	2f »	» 75
10. 12 » 1/2 bleu (steamer)......	2f23	1 »

11. 17 c. noir (prince de Galles)......	3f »	1f75

ESSAI.

Neufs. Oblitér.

A. 5 brun............ 6ᶠ »   »   »

NOUVELLE-CALÉDONIE
(Océan Pacifique).

1860. Napoléon III, lithographie.

1. 10 cent. gris...... 3ᶠ »   »   »

NOTA. La feuille est composée de 50 timbres tous différant un peu de dessin.

La feuille, photog... » 50   »   »

NOUVELLE-ÉCOSSE (Amérique).
1858. Carré, reine, couleur sur bleuté

1. 1 penny brun rouge 6ᶠ » 3ᶠ »

Fleurs de la Grande-Bretagne.

2. 3 pence bleu...... 3ᶠ » 1ᶠ »
3. 6 »   vert....... »   » 5ᶠ »
4. 6 »   vert jaune »   » 5ᶠ »
5. 1 shill. violet...... »   »   »   »

1861. *Reine, face ou profil, pig. 12.*

Neufs. Oblitér.

6. 1 cent noir........ » 50   » »
7. 2   »   lilas....... » 75   » »
8. 5   »   bleu........ » 75   » 15
9. 5   »   bleu foncé.. »   » » 25
10. 8 1/2 »   vert........ 2ᶠ. » » »
11. 10   »   vermillon . 2ᶠ » » 50
12. 12 1/2 »   noir....... 2ᶠ 50 » 50

NOUVELLE-GALLES DU SUD (Océanie).

1850. Vue de Sidney.

1. 1 penny carmin sur
       bleuté ...   »   » 6ᶠ »
2. 1   »   carmin sur
       blanc....   »   » 6ᶠ »
3. 1   »   carmin avec
       nuages...   »   » 6ᶠ »
4. 1   »   brun......   »   » 6ᶠ »
5. 1   »   carmin foncé »   » 6ᶠ »
6. 2 pence bleu......   »   » 6ᶠ »
7. 2   »   ardoise....   »   » 6ᶠ »
8. 2   »   bleu noir..   »   » 6ᶠ »
9. 2   »   bleu, stries
       verticales. »   » 7ᶠ »
10. 2   »   bleu, stries
       horizont..   »   » 6ᶠ »
11. 2   »   bleu, avec
       nuages...   »   » 6ᶠ »
12. 2   »   bleu, sans
       nuages...   »   » 6ᶠ »
13. 3   »   vert clair..   »   » 6ᶠ »
14. 3   »   vert foncé.   »   » 6ᶠ »

1852. *Effigie laurée, papier bleuté.*

		Neufs.	Oblitér.
15. 1 penny rouge.....		» »	3f »
16. 1 » rouge brun		» »	3f »
17. 2 pence bleu......		» »	1f »
17b 2 » bleu, avec *Étoile* dans les angles		» »	» »
18. 2 » violacé....		» »	2f »
19. 3 » vert........		» »	2f50
20. 6 » brun......		» »	4f »
21. 8 » jaune......		» »	15f »

Même type, papier blanc.

22. 1 penny rouge.....		» »	1f »
23. 2 pence bleu.......		» »	» 50
24. 2 » bleu pâle..		» »	1f »
25. 3 » vert........		» »	1f50

1861. *Même genre, effigie diadémée.*

26. 1 penny rouge vif..		» »	2f »
27. 1 » orange....		» »	2f50
28. 2 pence bleu.......		» »	» 50
29. 3 » vert......		» »	2f »

Les mêmes, piq. 12, 13.

30. 1 penny rouge vif.		» »	1f50
31. 1 » orange....		» »	1f50
32. 1 » rouge pâle.		» »	» 75
33. 2 pence bleu.......		» »	1f »
34. 2 » bleu vif...		» »	1f »
35. 3 » vert foncé.		» »	» 35
36. 3 » vert clair.		» »	» 50

Grands timbres, fond de couleur.

37. 5 pence vert......		4f50	» »
38. 6 » vert.......		» »	1f50
39. 6 » gris........		» »	1f »
40. 8 » jaune......		» »	3f »
41. 1 shill. rouge pâle.		» »	2f50
41b 1 » rouge.....		» »	3f50

Les mêmes, piq. 12, 13.

		Neufs.	Oblitér.
42. 5 pence vert......		1f50	» 75
43. 5 » vert foncé.		3f50	1f50
44. 6 » gris........		» »	1f »
45. 6 » brun.......		» »	1f »
46. 6 » verdâtre...		» »	1f50
47. 6 » violet.....		1f75	» 35
48. 8 » jaune......		2f »	1f »
49. 1 shill. rougeâtre.		» »	2f »
50. 1 » carmin vif.		» »	» 50
51. 1 » rose.......		2f50	» 50

52. 5 shill. violet (rond)		10f »	1f »

1862. *Effigie, cadre cintré, p. 13.*

53. 2 pence bleu......		» 50	» 05

1864. *Effigie, papier glacé, piq. 13, 14.*

54. 1 penny rouge...		» 25	» 10
55. 1 » brique...		» »	» 50
56. 1 » brique, sans filigrane..		» »	»

1868. *Couleur sur blanc, piq. 13.*

65. 10 pence lilas....		2f »	» »

1868. *Effigie dans un lozange.*

66. 4 pence rouge.....		1f »	» 35

REGISTERED. *Effigie, coul. sur blanc.*

Neufs. Oblitér.

57. Orange et bleu, sans
    filigrane .... » » » »
58. Rouge et bleu, sans
    filigrane......... » » 4f »

Idem. Piq. 12, 13.

59. Rouge et bleu foncé,
    avec filigrane.... » » » »
60. Rouge et bleu, avec
    filigrane........ 2f50 » 75

Depuis le n° 22, tous les timbres, à de rares exceptions près, ont un chiffre en filigrane; on trouve quelquefois des timbres imprimés par erreur sur un filigrane d'une autre valeur.

BANDES POUR IMPRIMÉS.

1864. *Ovale, effigie, relief et couleur.*

61. 1 p. rouge, papier uni » » 1f »
62. 1 p. rouge, p. vergé » 50 » »
63. 1 p. rouge pâle, p.
    vergé........ » 50 » 35

1865. *Timbre de 1864, imprimé sur bande.*

64. 1 penny rouge.... » 35 » 15

NOUVELLE-GRENADE.

1859. CONFED. GRENADINA, CORRÉOS NACIONALES. *Valeur en gros chiffres.*

Neufs. Oblitér.

1. 5 centav. violet.... 6f » » »
2. 5 » brun.... 6f » » »
3. 5 » brun foncé 6f » » »
4. 10 » jaune.... 6f50 » »
5. 20 » bleu .... » » 6f »

1860. *Les mêmes, petits chiffres.*

6. 2 1/2 centav. vert.... 7f » » »
7. 2 1/2 » vert foncé 7f » » »
8. 2 1/2 » vert jaune 7f » » »
9. 5 » bleu.... 5f » » »
10. 5 » lilas.... 7f » » »
11. 5 » gris .... 7f » » »
12. 10 » jaune... 5f » » »
13. 10 » orange.. 5f » » »
14. 10 » rouge... 6f » » »
15. 20 » bleu.... 4f » 3f »
16. 20 » bleu foncé 4f » » »
17. 1 peso rose vif.... » » » »
18. 1 » rose........20f » » »
19. 1 » rose, s. bleuté 8f » » »

1861. *Grand format.* ESTADOS UNIDOS DE NUEVA GRENADA.

20. 2 1/2 centav. noir... » » » »
21. 5 » jaune.... » » 8f »
22. 5 » jaune terne » » 8f »
23. 10 » bleu..... » » 7f »
24. 20 » rouge.... » » » »
25. 1 peso rose...... » » » »

1862. E. U. DE COLOMBIA, etc.

Etoiles autour des armoiries.

26. 10 centav. bleu..... » » » »
27. 20 » rose.... » » » »

Neufs. Oblitér.

28. 50   »   vert.....   »   »   »   »
29. 1 peso lilas.....   »   »   »   »

1863. *Même genre, lauriers, neuf étoiles en haut.*

30. 5 centav. jaune....   3f50   »   »
31. 10   »   bleu.....   »   »   2f50
32. 10   »   bleu foncé   »   »   2f50
33. 10   »   bleu, pap. bleuté...   »   »   3f50
34. 20   »   rouge....   »   »   »   »
34a 20   »   vert.....   »   »   »   »
35. 50   »   vert.....   »   »   »   »
35a 50   »   rouge....   »   »   »   »

1864. *Même type, fond plein.*

36. 5 centav. jaune....   2f   »   »   »
37. 10   »   bleu.....   2f   »   1f   »
38. 20   »   rouge....   3f   »   »   »
39. 50   »   vert.....   6f   »   »   »
40. 1 peso lilas.....   »   »   »   »

1865. *Armoiries, aigle en haut.*

41. 5 centav. jaune.....   1f75   1f   »
42. 10   »   lilas.....   2f   »   1f   »
43. 10   »   violet.....   2f   »   1f   »
44. 20   »   bleu.....   2f50   1f   »
45. 50   »   vert.....   5f   »   2f   »
46. 1 peso carmin....   15f   »   5f   »
41 *bis.* 5 cent. jaune pâle   1f75   1f50
15 *bis.* 50 » vert clair...   5f   »   2f50
16 *bis.* 1 peso vermillon.   10f   »   3f50

1866-67. *Couleur sur blanc.*

47. 1   t. rose.......   »   30   »   »

Neufs. Oblitér.

56. 5   »   orange....   1f75   1f   »

57. 10 centav. lilas.....   2f   »   1f   »
58. 20   »   bleu.....   3f   »   1f25
59. 50   »   vert.....   6f   »   »   »

66. 1 peso rose....   12f.»   2f 50

1868. *Noir sur couleur, glacé.*

61. 5 peso vert........   50f   »   12f   »
62. 10   »   rouge.......   80f   »   20f   »

1868-69. *Armoiries, coul. s. blanc.*

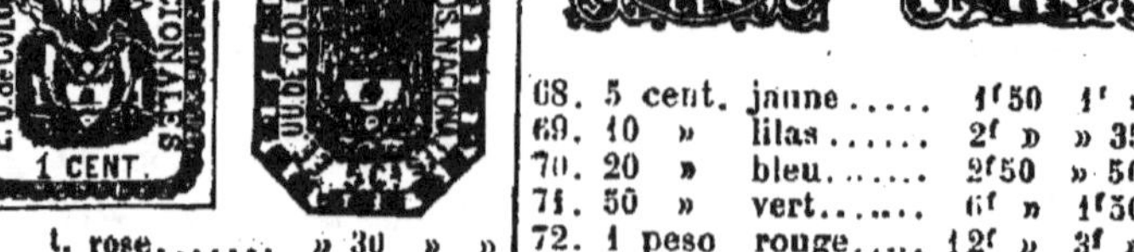

68. 5 cent. jaune.....   1f50   1f   »
69. 10   »   lilas.....   2f   »   »   35
70. 20   »   bleu.....   2f50   »   50
71. 50   »   vert.....   6f   »   1f50
72. 1 peso rouge.....   12f   »   3f   »

CHIFFRE-TAXE.

Triangulaire.

                                   Neufs. Oblitér.
48. 2 1/2 cents lilas...   » 75   »   »

Pour lettres chargées.

49. 5 cent. blanc, R et étoile 1' 25   »   »

50. 5 cent. blanc, A et couron. 1' 25   »   »

51. 25 cent. bleu.... ...   3'   »   1' 50
52. 50 »   jaune......   5'   »   »   »

53. 1 peso rose.... ....   10'   »   »   »

Grande vignette en chromo.

54. 25 cent. tricolore ..   3' 50   »   »
55. 50 »   tricolore...   10'   »   »   »

1868. *Type différent.*

                                   Neufs. Oblitér.
66. 50 cent. tricolore...   12'   »   »

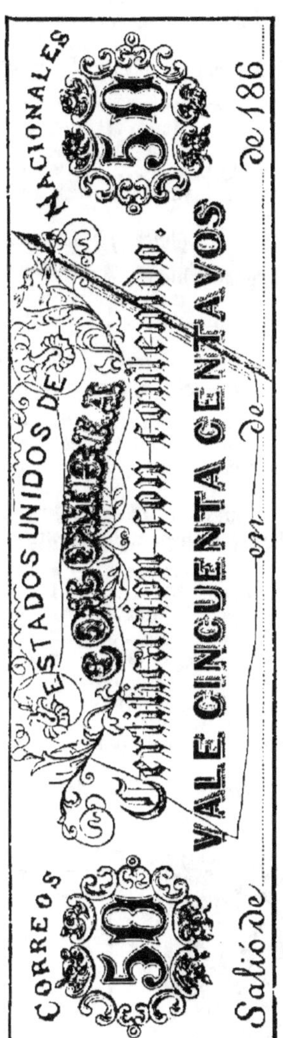

Même genre pour l'usage officiel.

67. Noir s. papier bleu.   »   »   »   »

Voir Bolivar et Antioquia.

NOUVELLE-ZÉLANDE (Océanie).

1855. *Reine, couleur sur bleuté.*

Neufs. Oblitér.

1. 1 penny brun rouge » » 10f »
2. 2 pence bleu...... » » 3f »
3. 1 schill. vert...... » » 8f »

1859. *Même type, papier blanc épais.*

4. 1 penny rouge..... » » 2f »
5. 2 » bleu...... » » 1f »
6. 6 » brun clair. » » 2f »
7. 1 schill. vert..... » » 3f50
8. 1 » vert bleu.. » » 3f50

1861. *Les mêmes, papier mince.*

9. 2 pence bleu...... » » » »
10. 6 » marron .. » » 2f »
11. 1 schill. vert...... » » » »

Les mêmes, dentelés à la roulette ou à la machine, per. li. et p. 13.

12. 2 pence bleu..... » » » »
13. 6 » marron... » » » »
14. 1 schill. vert...... » » » »

Les mêmes, étoile en filigrane, non dentelés ou per. li. ou piq. 13.

15. 1 penny rouge.... » 50 » 25
16. 2 pence bleu...... 1f » » 25
17. 3 » violet.... 1f » » 35
18. 4 » rose...... » » 2f50
19. 4 » jaune.... 1f25 » 50
20. 6 » brun noir. » » » 35
21. 6 » marron... 2f » » 35
22. 1 schill. vert...... 3f » » 20
23. 1 » vert jaune » » » 50

Les mêmes, N.Z. en filigrane, non dent. ou per. li. ou piq. 13, 1/2.

24. 1 penny rouge...... » » » »
25. 2 pence bleu...... » » » »
26. 3 » violet.... » » » »
27. 6 » brun..... » » » »
28. 1 schill. vert...... » » » »

OCÉAN PACIFIQUE.

(Navigation à vapeur de l').

1857. *Navire, couleur sur bleuté.*

Neufs. Oblitér.

0. 1/2 oz. 1 real bleu. » » » »
00. 1 oz. 2 » carmin. » » » »

Les mêmes couleur sur blanc.

1. 1/2 oz. 1 réal bleu.. 7f » » »
2. 1/2 » 1 » vert.. 7f » » »
3. 1/2 » 1 » carmin 7f » » »
4. 1/2 » 1 » orange 7f » » »
5. 1 » 2 » bleu.. 7f » » »
6. 1 » 2 » brun.. 7f » » »
7. 1 » 2 » carmin 7f » » »
8. 1 » 2 » orange 7f » » »
9. 1 » 2 » vert.. 7f » » »

OLDENBOURG.

1852-1855. *Valeur dans un écusson noir sur couleur, carré.*

1. 1/3 silb. vert...... 5f » » »
2. 1/30 thal bleu.... » » » 25
4. 1/15 » rose.... » » » 75
5. 1/10 » jaune... » » » 75

1860. *Plus grands, noir sur couleur.*

6. 1/3 grosch vert.... 5f » » »
7. 1 » bleu.... » » » 35
8. 2 » rose.... » » 2f »
9. 3 » jaune... » » 2f »

1861. *Les mêmes, couleur sur blanc.*

10. 1/4 grosch orange.. 1f » » »
11. 1/3 » vert.... 2f50 » »
12. 1/3 » vertclair » » » »
13. 1/2 » brun... 2f50 » »
14. 1 » bleu.... 2f50 » 75
15. 2 » rouge... 3f » 1f50
16. 3 » jaune... 2f50 3f »

1862. Ovales relief et coul. per. li.

			Neufs.		Oblitér.	
17.	1/3 grosch	vert....	» 15	»	»	
18.	1/2 »	orange..	» 15	»	»	
19.	1 »	rose....	» 15	»	»	
20.	2 »	bleu....	» 25	»	»	
21.	3 »	bistre..	» 25	»	»	

ENVELOPPES.

1861. Ovales relief et couleur.

22.	1/2 grosch	marron.	3f	»	»	»	
23.	1 »	bleu....	3f	»	»	»	
24.	2 »	rose....	3f	»	»	»	
25.	3 »	jaune...	3f 50	»	»	

1862. Même type, petit.

26.	1/2 orange........	» 75	»	»	
27.	1 rose..........	» 75	»	35	
28.	2 bleu..........	1f 50	»	»	
29.	3 bistre.........	2f	»	»	»	

1866. Enveloppes de la guerre.

30. Noir sur blanc..... » 50 » »

ORANGE (Afrique).

1868. Oranger et trois cors, coul. s. blanc; piq. 14

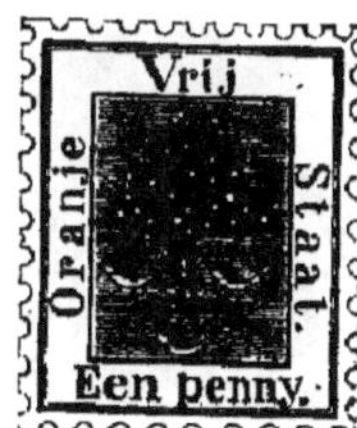

1.	1 penny brun......	» 25	»	»	
2.	6 pence rose.......	1f 50	»	35	
3.	1 shil jaune........	2f 50	»	50	

PARAGUAY (Amérique).

ESSAIS.

1862. Essai officiel, coul. sur blanc.

A, noir, B, rouge; C, bleu; D, carmin; E, brun; F, violet, etc.

	Neufs.	Oblitér.
Chacun.............. 10f	»	»

Ces timbres ont été imités en grand nombre.

PARME.

1852. Fleur de lis, couleur sur blanc.

1.	5 cent.	jaune.....	»	»	2f	»	
2.	5 »	orange....	»	»	2f	»	
3.	15 »	rouge.....	»	»	» 75	
4.	15 »	rouge foncé	»	»	1f	»	
5.	25 »	brun......	»	»	1f 25	

1857. Même type, noir sur couleur.

6.	5 cent.	jaune.....	» 35	»	»	
7.	5 »	jaune foncé	» 50	»	»	
8.	10 »	blanc......	» 35	»	»	
9.	15 »	rose.......	2f	»	» 50	
10.	25 »	violet......	»	»	» 75	
11.	40 »	bleu.......	3f	»	1f 50	

1858. Id. petit écusson, couleur sur blanc.

12. 15 cent. rouge...... » 35 » »

		Neufs.	Oblitér.
13. 25 » brun......	» 35	»	»
14. 40 » bleu......	» 35	»	»

1856. *Pour journaux, octogone, noir sur couleur.*

15. 6 cent. rose......	» 25	»	»
16. 6 » rose pâle..	» 50	»	»
17. 9 » bleu......	» 25	»	»
18. 9 » bleu pâle..	» 50	»	»

GOUVERNEMENT PROVISOIRE.

1859. *Même type, couleur sur blanc.*

19. 5 cent. vert......	» 50	»	»
20. 5 » vert bleu..	» 75	»	»
21. 10 » brun......	» 50	»	»
22. 20 » bleu......	» 50	»	»
23. 40 » rouge.....	» 50	»	»
24. 40 » brun......	» 75	»	»
25. 80 » jaune......	3f »	»	»
26. 80 » jaune foncé.	3f »	»	»

PAYS-BAS.

1852. *Roi Guillaume, cor en filigr.*

1. 5 cent. bleu foncé.	» »	» 75
2. 5 » bleu......	1f »	» 15
3. 10 » rouge.....	1f »	» 10
4. 10 » rouge foncé	» »	» 10
5. 15 » orange....	1'25	» 15
6. 15 » orange foncé	» »	» 25

1864. *Même effigie, piq. 12.*

7. 5 cent. bleu......	» 50	» 05
8. 10 » carmin....	» 75	» 10
9. 15 » orange....	1f »	» 15

1867-68. *Couleur sur blanc, piq. 12.*

		Neufs.	Oblitér
10. 5 cent. bleu......	» 25	» 05
11. 10 » rouge......	» 40	» 10
12. 15 » marron.....	» 60	» 15
13. 20 » vert.......	» 75	» 25
14. 25 » violet......	1f 25	» 25
15. 50 » doré.......	2f »	» 25

TIMBRES DE JOURNAUX.

1868-69. *Armes, coul. sur blanc, piq. 14.*

16. 1 cent. noir......	» 25	» 10
17. 2 » jaune......	» 10	» »
18. 4 » vert......	» 10	» 05
19. 1 1/2 rose.......	» 10	» 03

ESSAIS.

1866. *Couleur sur blanc.*

A 5 cents coul. div., chaq.	» 25	» »
B 10 » »	» 25	» »

PÉROU.

1858. *Armoiries, fond ondulé.*

1. 1 dinero bleu.....	» »	2f »
2. 1 peseta rouge....	» »	5f »
3. 1/2 peso jaune.....	» »	» »
3b 1/2 » rose........	» »	» »

Mêmes, encadrement à double ligne.

		Neufs.	Oblitér.
4. 1 dinero bleu pâle.	»	»	3ᶠ »
5. 1 peseta rouge	»	»	5ᶜ »
5a 1 » rose......	»	»	5ᶠ »

Mêmes, ligne simple, fond en zigzag.

6. 1 dinero bleu......	1ᶠ50	» 75
7. 1 peseta rouge.....	3ᶠ »	1ᶠ75

Mêmes, armoiries fond blanc.

8. 1 dinero bleu.....	»	»	»	»
9. 1 peseta rouge.....	»	»	»	»

1863. *Armoiries en relief.*

10. 1 dinero vermillon.	1ᶠ »	» 50
11. 1 » rouge pâle	1ᶠ »	» 25
12. 1 » rose......	1ᶠ50	» 50
13. 1 peseta brun.....	2ᶠ »	» 50

1866-67. *Lamas. Gravé, piq.* 12.

14. 5 cent. vert.....	» 75	» »
15. 10 » vermillon.	1ᶠ25	» 35
16. 20 » brun.....	2ᶠ50	» 50

1868. *Type de 1863, relief.*

20. 1 dinero vert	1ᶠ50	» 25

1866-67. *Timbres de commerce ayant pu servir comme timbres-poste.*

17. 10 cent. vert......	»	»	» 35
18. 25 » bleu.....	»	»	» »
19. 1 sol bistre......	»	»	» »

Essais. *Types officiels de 1863.*

A. 1 dinero noir s. bleu..	3ᶠ »	»
B. 1 peseta » s. blanc.	»	»

PERSE.

ESSAIS.

1866. *Lion couché.*

	Neufs.	Oblitér.
A. div. couleurs, chaque	» »	» »

1860. *Lion debout.*

B. diverses couleurs.....	3ᶠ »	» »

PHILIPPINES. Luçon (Océanie).

1854 Y 55. *Reine Isabelle, gravés.*

1. 5 cuart. orange....	»	»	»	»
2. 10 » carmin foncé	15ᶜ »	»	»
3. 10 » rose pâle...	»	»	»	»
4. 1 r. fuerté bleu foncé	25ᶠ »	»	»
5. 1 » ardoise....	25ᶜ »	»	»
6. 1 » ardoise, avec CORROS...	»	»	»	»
7. 2 » vert jaune..	25ᶜ »	»	»
8. 2 » vert.......	25ᶠ »	»	»

1854 Y 55. *Même genre, lithographiés.*

9. 5 cuart. orange....	»	»	»	»

1856. *Type d'Espagne 1855, papier bleu, boucles en filigrane.*

11. 1 réal vert........	»	»	»
12. 2 » carmin......	»	»	»	»

859. *Même effigie, lettres mai-gres, perlé du cercle apparent, couleur sur blanc.*

        Neufs. Oblitér.

13. 5 cuart. rouge...... » » 10ᶠ »
14. 10 » rose....... 3ᶠ » » »

1861. *Même genre, lettres grasses, perlé peu apparent.*

15. 5 cuart. vermillon, 7ᶠ » » »

1863. *Même genre, lettres petites, réseau des angles large, deux points entre* CORREOS : INTERIOR.

16. 5 cuart. rouge pâle. » » » »

1863. *Même genre, réseau serré.*

17. 5 cuart. rouge.... 1ᶠ50 » »
18. 10 » carmin.... 25ᶠ » » »
19. 1 réal violet..... 25ᶠ » » »
20. 2 » bleu...... 20ᶠ » » »

  1863. *Même genre,* CORREOS *en haut.*

21. 1 r.p. vert........ 5ᶠ » » »
22. 1 » olive....... 5ᶠ » » »

  1865. *Type d'Espagne, couleur sur couleur.*

23. 4/8 c.p.f. noir sur
   chamois » 75 »

        Neufs. Oblitér.

26. 6 2/8 c.p.f. vert sur
   rosé... 1ᶠ » » »
27. 12 4/8 » bleu sur
   rouge.. 1ᶠ75 » »
28. 25 » rouge sur
   rosé... 2ᶠ50 » »

POLOGNE.

1860. *Aigle à deux têtes,* ZALOTKOP *piq. 12.*

1. 10 kop. bleu et rose 1ᶠ50 » 75
1. bis id. clair..... » » » »

     ENVELOPPES.

1860. *Rondes, armoiries russes.*

3. 3 » bleu....... 1ᶠ50 » »
4. 10 » noir....... 3ᶠ50 » »

1858. *Rondes timbrées à la patte de l'enveloppe, peu visibles, signa-tures derrière, rouges.*

5. kop. grand format 4ᶠ » » »
6. » petit format. 4ᶠ » » »

PORTUGAL.

1853. *Dona Maria, relief et couleur.*

			Neufs.	Oblitér.
1.	5 reis brun jaune.	6f »	3f »
2.	5 » chocolat....	» »	3f »
3.	25 » bleu.......	» »	» 25
4.	50 » vert........	» »	3f »
5.	100 » violet......	» »	» »

Les mêmes, réimprimés.

1 *b*.	5 reis brun......	1f50	» »
2 *b*.	25 » bleu......	1f »	» »
3 *b*.	50 » vert.......	1f50	» »
4 *b*.	100 » lilas......	2f »	» »

1855. *D. Pedro, cheveux lisses.*

6.	5 reis brun rouge.	» »	1f »
7.	5 » marron.....	» »	1f »
8.	25 » bleu.......	» »	» 50
9.	50 » vert.......	1f25	» 50
10.	100 » lilas.......	2f »	» 50

1857. *Les mêmes, cheveux bouclés.*

11.	5 reis brun jaune.	2f50	» 50
12.	5 » brun noir..	1f »	» 50
13.	25 » bleu.......	1f »	» 20
13 *b*.	25 » bleu (enca-		
	drement dif-		
	férent).....	» »	» 50
14.	25 » rose.......	» 75	» 10

1862. *D. Luis, à gauche.*

15.	5 reis brun......	» 75	» 10
16.	10 » jaune......	» 30	» 25
17.	25 » rose.......	» 50	» 05
18.	50 » vert.......	1f50	» 50
19.	100 » lilas,......	2f50	» 50

1866. *Rectangulaires D. Luis.*

| 20. | 5 reis noir..... | » 35 | » 15 |
| 21. | 10 » jaune.... | » 40 | » 35 |

			Neufs.	Oblitér.
22.	20 reis jaune bistre	» 50	» »
23.	25 » rose.....	» 50	» 05
24.	50 » vert......	1f50	» 50
25.	80 » orange....	2f »	» 30
26.	100 » violet....	2f50	» 60
27.	120 » bleu......	3f »	» 75

1867-68. *Les mêmes, piq.* 12 1/2.

29.	5 reis noir........	» 15	» 10
30.	10 » jaune........	» 25	» 20
31.	20 » bistre.......	» 35	» 35
32.	25 » rose.........	» 50	» 05
33.	50 » vert.........	1f »	» 35
34.	80 » orange......	1f50	» 15
35.	100 » violet.......	1f75	» 50
36.	120 » bleu.........	2f »	» 50
37.	240 » violet.......	3f50	» 75

PRINCE ÉDOUARD (Amérique).

1860. *Effigie de la reine,* *piq.* 9, 11, 12.

1.	1 penny jaune.....	» 40	» »
2.	2 pence rose......	» 40	» »
2a	2 » rose terne.	» »	» »
3.	3 » bleu......	» 40	» »
6.	4 » noir......	» 50	» »
4.	6 » vert.......	» 50	» »
5.	9 » lilas......	» 50	» »

PRUSSE

1850. *Effigie couleur sur blanc feuillage en filigrane.*

| 1. | 4 pf. vert......... | » 50 | » » |
| 2. | 6 pf. ou 1/2 silb. rouge | » 50 | » 15 |

Idem sans filigrane. Réimpression.

| 3. | 4 pf. vert......... | » 50 | » » |
| 4. | 6 pf. ou 1/2 silb. rouge | » 50 | » » |

Même type, noir sur couleur, fili-grane.

                   Neufs. Oblitér.

```
5. 1 silb. rose........  2ᶠ »   » 10
6. 2  »   bleu........  2ᶠ »   » 10
7. 3  »   jaune......  2ᶠ »   » 15
8. 3  »   jaune clair..  »  »  » 20
```

Idem réimprimés, sans filigrane.

```
 9. 1 silb. rose......  » 75  »  »
10. 2  »   bleu.......  » 75  »  »
11. 3  »   jaune.......  » 75  »  »
```

1856. *Même genre, fond uni, couleur sur blanc.*

```
12. 1 silb. rose........  »  »  » 25
13. 1  »   rose foncé...  »  »  » 25
14. 2  »   bleu........  »  »  » 25
15. 2  »   bleu foncé..  »  »  » 25
16. 3  »   jaune.......  2ᶠ »  » 25
17. 3  »   orange.....  »  »  » 25
```

1858. *Même type, fond quadrillé.*

```
18. 4 pf.  vert........  » 75  » 35
19. 1 silb. rose........  2ᶠ »  » 10
20. 1  »   rose pâle...  »  »  » 10
21. 2  »   bleu........  2ᶠ »  » 10
22. 2  »   bleu pâle...  »  »  » 10
23. 3  »   jaune.......  1f25  » 10
```

1861. *Aigle, relief et couleur, per. li.*

```
24. 3 pf.  violet.......  » 15  »  »
25. 4  »   vert........  » 15  » 05
26. 6  »   rouge......  » 15  » 05
27. 1 silb. rose........  » 15  » 05
28. 2  »   bleu terne..  »  »  » 25
29. 2  »   bleu vif....  » 15  » 05
30. 3  »   bistre.....  » 15  » 05
```

1833. *Oblong, chiffre; imprimé en couleur sur baudruche gommée, par. li.*

```
1. 10 silb. rose.......  1f50  » 25
2. 30  »   bleu.......  2f50 1f50
```

1867. *Pour l'Allemagne du sud. Couleur et relief sur blanc per. li.*

                   Neufs. Oblitér.

```
63. 1 kr. vert.........  » 15  »  »
64. 2  »  orange.......  » 15  »  »
65. 3  »  rose.........  » 15  »  »
66. 6  »  bleu.........  » 15  »  »
67. 9  »  bistre.......  » 15  »  »
```

ENVELOPPES.

1851. *Ovales, Guillaume IV en relief, fils de soie en travers.*

```
31. 1 silb. rose foncé..  3ᶠ »  »  »
32. 1  »   rose pâle...  3ᶠ »  »  »
33. 2  »   bleu foncé..  1f50 1ᶠ »
34. 2  »   bleu pâle...  1f50 1ᶠ »
35. 3  »   orange.....  1f50 1ᶠ »
36. 3  »   jaune......  »  »  1ᶠ »
```

1857. *Les mêmes, sans fils de soie.*

```
37. 1 silb. rose foncé...  1f50  » 25
38. 1  »   rose pâle...  1f50  » 25
39. 2  »   bleu foncé..  1f50  » 25
40. 2  »   bleu pâle...  1f50  » 25
41. 3  »   orange.....  1f50  » 25
42. 3  »   jaune......  1f50  » 25
```

1852. *Octogones, fils de soie.*

```
43. 4 silb. brun.......  »  »  4f50
44. 5  »   violet.......  »  »  3f50
45. 6  »   vert........  »  »  4f50
46. 7  »   brique......  »  »  5ᶠ »
```

Les mêmes réimprimées, sans fils.

```
47. 4 silb. brun.......  2ᶠ »  »  »
48. 5  »   violet......  2ᶠ »  »  »
49. 6  »   vert........  2ᶠ »  »  »
50. 7  »   brique......  2ᶠ »  »  »
```

1861. Ovales, aigle, inscriptions passant au-dessus du timbre.

		Neufs.	Oblitér.
51. 1 silb. rose........	1f50	» 50
52. 2 » bleu foncé..	» »	1f »
53. 2 » bleu.......	1f50	» 50
54. 3 » bistre......	2f »	» 50

1863. Les mêmes, inscriptions traversant le timbre.

55. 1 silb. rose........	» 75	» 10
56. 2 » bleu........	» 75	» 10
57. 3 » bistre......	» 75	» 10

1867. Octogones, comme les timbres 1861.

74. 3 pf. lilas.........	» 75	» »
75. 6 » rouge........	» 75	» »

1867. Type des timbres de 1867.

68. 1 kr. vert........	» 25	» »
69. 2 » orange......	» 25	» »
70. 3 » rose........	» 25	» »
71. 6 » bleu........	» 50	» »
72. 9 » bistre.......	» 60	» »

1866. Enveloppes de la guerre Feldpostbrief.

58. Noir sur blanc.....	» 50	» »
59. Noir sur gris	» »	» »
60. Noir sur chamois...	» »	» »

73. Noir sur blanc...... » » » »

1867. Type des timbres 1861 ; enveloppe spéciale à la société : VICTORIA INVALIDEN-STIFTUNG.

74. 4 pf. vert....... » » » »

1868. Id. Type de la Confédération du Nord 1868.

75. 1/3 grosch vert.... » » » »

QUEENSLAND (Océanie).

1861. Effigie, étoile en filigrane.

		Neufs.	Oblitér.
1. 1 penny carmin...	» »	» »
2. 2 pence bleu......	» »	» »
3. 6 » vert........	» »	» »
4. 1 sh. violet....	» »	» »

Les mêmes, piq. 13, 14, 15.

5. 1 penny carmin...	» »	1f50
6. 1 » orange....	» »	» »
7. 2 pence bleu......	» »	» »
8. 2 » bleu foncé.	» »	» »
9. 3 » brun......	2f75	» »
10. 6 » vert jaune.	» »	» 50
11. 6 » vert......	» »	» 50
12. 1 sh. violet.....	» »	1f 50
13. registered jaune.	2f »	» 35
14. » jaune foncé	» »	2f »

Les mêmes, papier uni.

15. 1 penny rouge.....	» 35	» 10
16. 2 pence bleu......	» 75	» 15
17. 3 » brun......	1f 25	» 35
18. 4 » lilas.......	1f 25	» 25
19. 6 » vert.......	1f 75	» 35
20. 1 sh. brun......	2f 50	» 50
21. 5 » rose.......	» »	2f 50

Les mêmes avec Q et couronne en filigrane.

RÉUNION (ILE DE LA) (Afrique).

1851. Ornements, noir sur bleu.

1. 15 cents rosace..	» »	» »
2. 30 » filets....	» »	» »

Les mêmes, réimpr. (authentiques).

Neufs. Oblitér.

3. 15 cents. rosace... 5f » » »
4. 30 » filets..... 5f » » »

Feuille composée de 6 timbres différant légèrement entre eux, 25 fr.

ROMAGNE.

1859. *Chiffre noir sur couleur.*

1. /2 baj. paille..... » 75 » »
2. 1 » gris....... » 50 » »
3. 2 » jaune..... » 50 » »
4. 3 » vert...... » 50 » »
5. 4 » fauve.. .. » 50 » »
6. 5 » violet..... » 50 » »
7. 6 » vert...... » 50 » »
8. 8 » rose....... » 50 » »
9. 20 » bleu pâle . » 7 » »

ESSAIS. *Type officiel, noir s. couleur*

2,3,4,6,8,20 baj. sur gris,
chacun............ » 50 » »
2 b. vert, 3 jaune, 4 bleu
6 vert foncé, 20 brun. 1f » » »

RUSSIE.

1857. *Armes, deux impressions.*

1. 10 kop. brun et bleu 10f »

858. *Même type, papier ordinaire ou vergé, piq.* 12 1/2, 15.

. 10 kop. brun et bleu 1f » » 10
3. 20 » bleu et orang. 1f50 » 25
4. 30 » rose et vert. 2f » » 25

1863. *Sans relief.*

5. 5 kop. noir et bleu 1f » » »

?864-66. *Couleurs vives, a aniline, piq.* 12 1/2, 15.

6. 1 kop. jaune et noir « 10 » 05

Neufs. Oblitér.

7. 3 kop. vert et noir. » 25 » 10
8. 5 » violet et noir » 50 » 10
9. 10 » brun et bleu. » 75 » 10
10. 20 » bleu et orang. 1f50 » 25
11. 30 » rose et vert. 2f » » 25

ENVELOPPES.

1845. *Ronde, correspondance locale.*

12. 5 kop. bleu sans re-
lief...... 2f » » »
13. 5 » bleu vif.... 2f » » »

1848. *Ronde, relief, petit aigle dans un carré en filigrane.*

14. 10 kop. noir........ » » » »
15. 20 » bleu....... 3f50 » »
16. 20 » bleu vert... 3f50 » »
17. 30 » rose........ 4f50 » »

Les mêmes, grand aigle dans un ovale en filigrane.

18. 10 kop. noir....... 1f » » 50
19. 20 » bleu vif.... 2f50 » »
20. 30 » rouge brique. 3f50 » »

1868. *Armoiries, petit ovale relief et couleur sur blanc.*

21. 10 kop. brun...... 1f » » »
22. 20 » bleu....... 1f75 » »
23. 30 » rose......., 3f » » »

1869. *Armoiries dans un rond, couleur sur blanc.*

4. 5 kop. lilas....... » 75 » »

TÉLÉGRAPHE.

Neufs. Oblitér.

29. 10 kop brun et rouge. » » » »

Voir Compag. de navig. du Levant.

POSTES LOCALES.

Nous publierons prochainement un catalogue spécial des postes a les russes.

SAINTE-HÉLÈNE (Afrique).

1857. Reine, étoile en filigrane.

1. 6 pence bleu...... 3ᶠ » 2ᶠ »
2. 6   »   bleu piq. 13,
        14, 15........ 3ᶠ » 2ᶠ »

1863. Même timbre, valeur timbrée en noir.

3. 1 penny brun carm. » 75 »   »
4. 1   »   id. piq. 13 » 25 »   »

Neufs. Oblitér.

		Neufs.		Oblitér.	
8.	2 pence jaune. id..	» 50		»	»
9.	3 » violet.. id..	» 75		»	»
5.	4 » rose.......	2ᶠ »		»	»
6.	4 » id. piq. 13	1ᶠ »		»	»
7.	1 shill. vert piq. 13	2ᶠ50		1ᶠ	»
10.	5 » orange. id..	10ᶠ »		»	»

SAINT-KITH (Antilles).

1866. Effigie (Essai).

1. Vert ....   » »
2. Bleu................   » »
3. Bistre.............   » »
4. Noir...............   » »

SAINTE-LUCIE (Antilles).

1859. Effigie, étoile en filigrane, piq. 15 1/2.

1. Rouge............ 1ᶠ50 » »
2. Bleu............. 4ᶠ » » »
3. Vert............. 5ᶠ » » »

1863-65. Les mêmes, CC en filigrane, piq. 13.

4. Rose............. » 75 »
5. Ardoise.......... 4ᶠ » »
6. Vert clair........ 5ᶠ » »
7. Noir............. » 25 »
8. Jaune............ 1ᶠ » » 5
9. Violet........... 1ᶠ50 » 7
10. Orange.......... 2ᶠ50 » 7

SAINT-MARIN (Italie).

1865. Essai, imp. couleur s. blanc.

1. Rouge............. » 50 »
2. Bistre............ » 50 »

	Neufs.	Oblitér.
3 Bleu...............	» 50	» »
4. Vert...............	» 50	» »

SAINT-THOMAS (Antilles).

1860-67. *Type du Danemark.*

1. 3 cents. rouge sur
      brun.... 1ᶠ » » »
2. 3 cents, rose sur blanc » 50 » »

SAINT-THOMAS. — LA GUAIRA.
PORTO CABELLO.

1864. *Vaisseau, noir sur couleur.*

			Neufs.	Oblitér.
1.	1	cent. blanc....	» 50	» »
2.	1	» rose.....	» 50	» »
2a	1	» violet....	» »	» »
3.	2	cent. vert......	» 75	» »
4.	3	» jaune....	» 75	» »
5.	4	» bleu.....	» 75	» »

1864. *Vaisseau, couleur sur blanc, piq. 12 1/2.*

6.	1/2 real	rose.....	2ᶠ »	» »
7.	2 »	vert.....	3ᶠ »	1ᶠ »
8.	2 »	vert jaune	3ᶠ »	1ᶠ »
9.	1/2 »	ardoise...	1ᶠ50	» »
10.	2 »	orange...	3ᶠ50	» »

1865-67. *Type un peu différent, percés en scie ou per. ya. ob.*

11.	1/2 real.	rose.....	1ᶠ »	» »
12.	2 »	vert......	2ᶠ50	» 75
13.	2 »	vert jaune	2ᶠ50	» 75

	Neufs.	Oblitér.
14. 1/2 real bleu.....	» »	» »
15. 2 » jaune....	» »	1ᶠ »

1869. *Même genre avec CURAÇAO, piq. 12 1/2.*

16.	1/2 real vert......	1ᶠ50	» »
17.	2 » rose.....	2ᶠ50	» »

SAINT-VINCENT (Amérique).

1859-68. *Reine Victoria, piq. 11 1/2 à 15 1/2.*

1.	1 penny carmin ...	» 50	» »
2.	6 pence vert......	1ᶠ50	» 50
3.	4 pence bleu.......	2ᶠ »	1ᶠ »
4.	1 shil. ardoise.....	4ᶠ »	» »
5.	1 » bleu........	» »	» »
6.	1 » marron	3ᶠ50	1ᶠ75

SALVADOR (Amérique).

1867. *Couleur sur blanc, piq. 12.*

1.	1/2 real bleu.......	1ᶠ
2.	1 » vermillon..	1ᶠ

		Neufs.	Oblitér.
3.	2 real vert........	2ᶠ25	» 75
4.	4 » brun.......	5ᶠ	2ᶠ50

SARAWAK (Mer des Indes)

1868. *Couleur sur couleur, piq.*

1. 3 cents brun s. jaune » 75 » »

SAXE.

1850. *Chiffre.*

				Neufs.	Oblitér.
1.	3	pf.	rose brun..	» » 5ᶠ	»
2.	3	»	rose......	» » 5ᶠ	»

1850. *Frédéric-Auguste, à droite' noir sur couleur.*

3.	1/2 neug. gris......	2ᶠ	»	»	25
4.	1 » rose......	2ᶠ	»	»	15
5.	2 » bleu foncé.	»	»	»	50
6.	2 » bleu clair..	4ᶠ	»	»	50
7.	3 » jaune.....	4ᶠ	»	»	35

1852. *Armoiries, couleur sur blanc.*

8.	3 pf. vert.......	» 25	»	»

1854. *Roi Jean, à gauche, noir sur couleur.*

			Neufs.	Oblitér.
9.	1/2 neug. gris......		» 50	» 15
10.	1 » rose......		» 50	» 10
11.	2 » bleu foncé.		» 75	» 20
12.	3 » jaune.....	1ᶠ »		» 20

1856. *Même type, couleur sur blanc.*

13.	5 neug. rouge....	2ᶠ50	» 25
14.	5 » brun......	3ᶠ50	» 50
15.	10 » bleu......	3ᶠ »	» 75

1863. *Armes, relief et couleur blanc. piq. 13 1/2.*

16.	3 pf. vert.......	» 10	»	»
17.	1/2 neug. rouge.....	» 25	»	»
17b	1/2 » jaune......	» 10	» 05
18.	1 » rose......	» 10	» 05
19.	2 » bleu......	» 10	» 05
20.	3 » bistre.....	» 10	» 05
21.	5 » violet.....	» 10	» »
21b	5 » lilas......	1ᶠ »	» »

ENVELOPPES.

1859. *Ovales, roi Jean, relief et couleur, timbrées à gauche.*

22.	1 neug. rose......	2ᶠ50	»	»
23.	2 » bleu foncé.	1ᶠ »	»	»

Neufs. Oblitér.

24. 3 neug. jaune.....   2ᶠ »   »   »
25. 5   »   violet.....   1ᶠ »   »   »
26. 10 »   vert....... 10ᶠ »   »   »

1862. *Les mêmes, timbrées à droite.*

27. 1 neug. rose......   2ᶠ50 »   »
28. 2   »   bleu clair.. 2ᶠ50 »   »
29. 3   »   jaune.....   2ᶠ »   »   »
30. 5   »   lilas......

1863. *Armoiries en relief.*

31. 1/2 neug. orange.... » 25 »   »
32. 1   »   rose...... » 35 »   »
33. 2   »   bleu...... » 50 »   »
34. 3   »   bistre..... » 75 » 35
35. 5   »   violet..... 1ᶠ50 »   »
35b 5   »   lilas...... 1ᶠ50 »   »

1866. *Enveloppe de la guerre.*

36. Noir sur vert..... 1ᶠ »   »   »

Enveloppe mandat de poste.

Neufs. Oblitér.

37. Noir sur vert......   » »   »   »
37b Noir sur jaune....   » 25 »   »

?DRESDE, OFFICES PARTICULIERS.

Voir le catalogue spécial des offices particuliers, Dresde, Etats-Unis, Grande-Bretagne, etc.

SCHLESWIG-HOLSTEIN.

1850. *Armoiries, relief et couleur*

1. 1 sch. bleu....   1ᶠ50 »   »
2. 2   »   rose....   2ᶠ »   »   »

1865. *Ovales, chiffre, relief et couleur, per. li.*

3. 1/2 sch. rose..... » 20 » 15
4. 1 1/4 »   vert..... » 15 » 10
5. 1 1/3 »   lilas..... » 15 »   »
6. 2   »   bleu....   » 25 »   »
7. 4   »   bistre... » 50 »   »

SCHLESWIG.

**1864. *Ovales, chiffre, relief et cou-
leur, per. li.***

				Neufs.	Oblitér.
8.	1 1/4 sch.	vert.....	» 50	»	»
9.	4	» carmin...	» 25	»	»

1865. *Même type.*

10.	1/2 sch.	vert....	» 15	»	»
11.	1 1/4 »	lilas.....	» 15	» 10
12.	1 1/3 »	rose....	» 15	» »
13.	2 »	bleu....	» 30	» »
14.	4 »	bistre...	» 50	» »

SERVIE.

1866. *Armoiries coul. sur couleur.*

1.	1 para	vert sur rose	» 50	»	»
2.	1 »	vert sur violet	» 50	»	»
3.	2 »	brique s. viol.	» 75	»	»

**1866. *Effigie de Michel III, coul.
sur blanc piqués.***

4.	1 para vert piq. 9 1/2	» 40	»	»
5.	2 paras brun id.	» 40	»	»
6.	10 » jaune, pi. 12	1f50	»	»
7.	20 » rose id.	1f50	» 25
8.	40 » bleu id.	3f50	»	»

Les mêmes papier pelure, piq. 9 1/2.

9.	10 paras jaune....	» 50	» 25
10.	20 » rose.....	» 75	» 25
11.	40 » bleu. ..	1f »	» 25

1868. *Effigie, non piqués.*

| 12. | 1 1/3 para vert foncé.. | » 25 | » | » |

				Neufs.	Oblitér.
13.	2 para	brun rouge.	» 25	»	»
14.	2 »	bistre.....	» 25	»	»

**1869. *Effigie de Obrenovitch IV,
coul. s. blanc, piq. 12.***

15.	1 para	jaune.....	» 10	»	»
16.	10 »	brun......	» 20	» 10
17.	15 »	orange....	» 25	»	»
18.	20 »	bleu	» 3f	» 10
19.	25 »	carmin ...	» 40	» 25
20.	35 »	vert clair.	» 65	» 35
21.	40 »	violet.....	» 75	» 10
22.	50 »	vert foncé.	1f »	» 15

SHANGHAI.

**1866. *Dragon, couleur sur papier
blanc.***

1.	1 cand.	bleu.......	1f50	»	»
2.	2 »	noir.......	1f50	»	»
3.	3 »	brun rouge	2f »	»	»
4.	4 »	jaune pâle.	2f50	»	»
5.	4 »	jaune.....	1f75	»	»
6.	6 »	brun rouge	2f50	»	»
7.	6 »	vert foncé.	1f50	»	»
8.	6 »	vermillon .	2f50	»	»
9.	8 »	vert.......	2f50	»	»
10.	8 »	vert clair..	2f50	»	»
11.	12 »	vermillon .	3f50	»	»
12.	12 »	brique....	3f50	»	»
13.	16 »	vermillon..	5f »	»	»
14.	16 »	brun......	» »	»	»

**Les mêmes, papier vergé et papier
pelure.**

Sur quelques timbres l'S manque à *Candareens*; la valeur (en chinois) est tantôt exprimée en chiffres, tantôt en lettres.

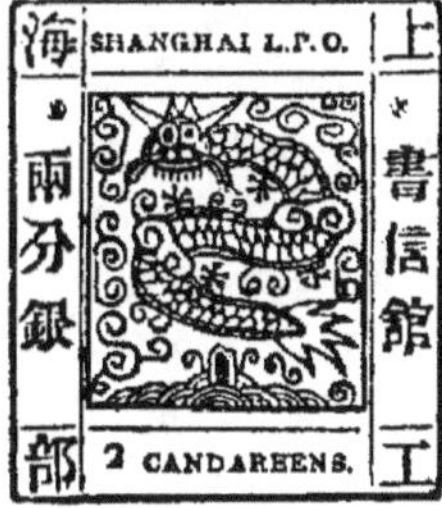

1866. *Plus petits, piq.* 12.

		Neufs.	Oblitér.
15.	2 cents rose	» 75	» »
16.	4 » lilas	1f50	» »
17.	8 » bleu	1f75	» »
18.	16 » vert	3f »	» »

1867. *Types peu différents.*

19.	1 cand brun	» 50	» »
20.	3 » jaune	1f25	» »
21.	6 » gris bleu	1f25	» »
22.	12 » olive	2f50	» »

SIERRA LEONE.

Reine Victoria, coul. sur blanc.

1.	6 pence viol.,piq.14	1f50	» 75
2.	6 » violet non dentelé	» »	» »

SUÈDE.

1855. *Armoiries, piq.* 14.

1.	3 sk. vert	» »	2f »
2.	4 sk. bleu	» »	» 25
3.	4 » bleu pâle	» »	1f »
4.	6 » gris	» »	1f50
5.	8 » jaune	» »	1f50
6.	8 » orange	» »	1f »
7.	24 » rouge	» »	2f »
8.	24 » rouge pâle	» »	2f »

Les mêmes réimprimés.

Chacun . . . . 2f » » »

1858. *Même type, piq.* 14.

9.	5 öre vert	» 50	» 10
10.	5 » vert clair	» 25	» »
11.	9 » lilas	» 75	» »
12.	9 » violet	» »	» »

		Neufs.	Oblitér.
13.	12 öre bleu	» 50	» 10
14.	12 » bleu foncé	» »	» 15
15.	24 » orange	» »	» 10
16.	24 » jaune	1f »	» 15
17.	30 » brun	1f25	» 10
18.	30 » brun pâle	» »	» 15
19.	50 » brun carmin	» »	» 15
20.	50 » carmin	1f75	» 10

LOKAL BREF.

21.	Noir (1855), piq. 14.	1f50	» 75
22.	Bistre (1862)	» 75	» »

1863-66. *Lion et armes, piq.* 14.

23.	3 öre bistre	» 25	» 15
24.	17 » violet	1f »	» 25
25.	20 » rouge	» »	» »
26.	20 » rouge brique	1f »	» 25

SUEZ (Comp. du canal de).

1868. *Oblong, vaisseau à droite, coul. sur blanc.*

1.	1 cent. noir	» 35	» »
2.	5 » vert	» 15	» »
3.	20 » bleu	» 10	» 05
4.	40 » carmin	» 75	» »

La série de 4 valeurs . 1f » » »

SUISSE.

(Administration fédérale.

1850. *Croix blanche sur fond rouge.*

1.	2 1/2 r. orts-post, blanc	» »	2f »
2.	2 1/2 » poste lo- cale, blanc	» »	2f50

Idem noir sur couleur.

3.	5 rap. bleu pâle	» »	» 35
4.	5 » bleu foncé	» »	» 25
5.	5 » violacé	» »	» 50
6.	40 » jaune	» »	» 20
7.	40 » orange	» »	» 25

Idem couleur sur blanc.

Neufs. Oblitér.

8. 5 rap. bleu clair.	»	»	» 20
9. 15 » rose......	»	»	» 25
10. 15 » rose......	»	»	» 75
11. 15 cent. rose.......	»	»	1f50

ADMINISTRATIONS CANTONALES.
BALE.
1845. *Colombe en relief, fond rose.*

12. 2 1/2 rap. rose et bleu » » 4f »

RÉIMPRESSION.
12bis 2 1/2 rap. rouge et vert 2f50 »

GENÈVE. *Clé et aigle, noir sur couleur.*

1844. *Petit format, double.*

14. 5+5 cent. vert pomme » » » »

Même type, grand format, simple.

15. 5 cent. vert clair..	»	»	2f50
16. 5 » vert foncé.	»	»	3f50
17. 5 » vert pomme	»	»	»
18. 5 » vert sur blanc...	»	»	» »

ENVELOPPES.
1845. *Type précédent.*

19. 5 cent. vert sur
blanc... 5f » » »

NEUFCHATEL. *Croix blanche sur rouge.*

1848. *Rectangle en hauteur.*

20. 5 cent. blanc...... » » 5f »

VAUD. *Croix blanche sur rouge dans un cor.*

1848. *Rectangle en longueur.*

21. 4 cent. blanc......	»	»	»	»
22. 5 » blanc.....	»	»	3f »

ZURICH. *Chiffre.*

1843. *Ligné rose verticalement.*

Neufs. Oblitér.

23. 4 rap. noir sur blanc...	»	»	»	»
24. 6 » » »	»	»	2f50

Ligné rose horizontalement.

25. 4 rap. noir sur blanc...	»	»	»	»
26. 6 » » »	»	»	»

1849. *Oblong, croix blanche sur rouge dans un cor de poste, timbre dit par erreur de Winterthur.*

27. 2 1/2 rap. noir sur
blanc... » » 5f »

POUR TOUTE LA SUISSE.
1854-61. *Déesse de face, relief couleur. Dick.*

28. 2 rap. gris......	1f	»	»	»
29. 5 » brun......	»	»	» 10
30. 5 » bistre.....	»	»	» 10
31. 10 » bleu......	» 50	» 10
32. 10 » bleu pâle..	» 75	» 10
33. 15 » rose......	» 50	» 10
34. 20 » jaune.....	» 75	» 10
35. 40 » vert.......	1f	»	» 10
36. 40 » vert pâle..	1f	»	» 10
37. 1 franc gris perle..	2f	»	1f »
38. 1 » gris pâle...	2f	»	» 50

1862-63. *Déesse de profil, piq. 12, croix en filig.*

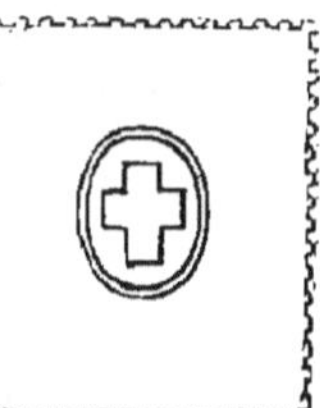

39. 2 rap. gris......	» 10	» 05
40. 3 » noir.......	» 10	» 05
41. 5 » brun......	» 15	» 05
41bis 5 » bistre.....	» 10	» 05

			Neufs.	Oblitér.
42. 10 rap.	bleu......	» 25	» 05
43. 10 »	bleu foncé.	» 25	» 15
44. 20 »	orange....	» 40	» 05
45. 30 »	rouge.....	» 50	» 10
46. 40 »	vert.......	» 60	» 05
47. 60 »	bronzé....	1f »	» 15
48. 1 franc	doré......	1f50	» 20
49. 10 rap.	rose......	» 20	» 10
50. 25 »	vert........	» 50	» 10
51. 30 »	bleu.......	» 50	» 10
52. 50 »	lilas	» 75	» 20

ENVELOPPES.

1867. Timbre à droite, colombe et armoiries en relief, colombe messagère en filigrane.

53. 5 rap.	bistre.....	» 10	» »
54. 10 »	rose........	» 25	» 05
55. 25 »	vert	» 50	» 25
56. 30 »	bleu	» 50	» 25

1869. Idem, timbrées à gauche.

Rigi *(Etablissement des bains du).*
Rose des Alpes, imprimé couleur sur blanc, piq. 12.

57.   » rap. rose....... » 15 » »

RIGI-SCHEIDECK.

2.   » » vert ...... » 15 » »

TIMBRES DE TÉLÉGRAPHE.

1868. Croix rouge, piq. 12.

58. 25 cent gris....... » 50 » »
59. 50 » bleu....... 1f » » »

			Neufs.	Oblitér
60. 1 franc	vert......	2f »	» »
61. 3 »	doré......	6f »	» »
61 *a* 20 »	rose......	» »	» »

TERRE-NEUVE.

1857. Fleurs de la Grande-Bretagne.

1. 1 penny brun (carré),   » 35 » »

2. 2 pence rouge (rect.)   1f50 » »

3. 3 pence	vert (triang.)	1f50	»	»
4. 4 »	rouge (rect.)	» »	»	»
5. 5 »	brun (carré).	4f »	»	»
6. 6 »	rouge (rect.).	» »	»	»
7. 6 1/2 »	rouge (rect.).	» »	»	»
8. 8 »	rouge (rect.).	4f »	»	»
9. 1 shill.	rouge (rect.).	» »	»	»
10. 2 pence	rouge vin (rectang.).	» 75	»	»
11. 4 »	» »	1f50	»	»
12. 5 »	chocolat (car.)	2f »	»	»
13. 6 »	rouge vin (rectang.).	2f50	1f50	
14. 6 1/2 »	» »	2f50	»	»
14 *a* 8 »	» »	4f »	»	»
15. 1 shill.	» »	3f50	»	»

1866. Types divers, piq. 12.

15 *a* 1 cent violet (effigie)   » 50 » »

Neufs. Oblitér.

16. 2 » vert (morue).   » 25   »   »

17. 5 cents brun (phoque) »   »   »   »

17 a 5 » noir id.   1f25 »   »
18, 10 » noir (prince
          de Galles).. 1f »   »   »

19. 12 cents chair (reine) 1f25 »   »

20. 13 cents jaune (bateau) 1f 0 »   »

Neufs. Oblitér.

21. 24 » bleu (reine).   2f50 »   »

TOSCANE.

1851. Lion, couleur sur bleuté, fragments de couronne en filigr.

		Neufs		Oblitér
1. 1 quattrino noir...	»	»	2f	»
2. 1 soldo jaune.....	»	»	2f50	
3. 1 » jaune pâle.	»	»	2f50	
4. 2 soldi brique....	»	»	»	»
5. 1 crazia rouge.....	»	»	» 20	
6. 1 » brun......	»	»	» 25	
7. 2 crazie bleu......	»	»	» 15	
8. 2 » bleu foncé.	»	»	» 35	
9. 4 » vert.......	»	»	» 25	
10. 6 » ardoise....	»	»	» 30	
11. 9 » violet.....	»	»	» 30	
12. 60 » brique....	»	»	»	»

1856. Les mêmes, sur blanc, filigr.

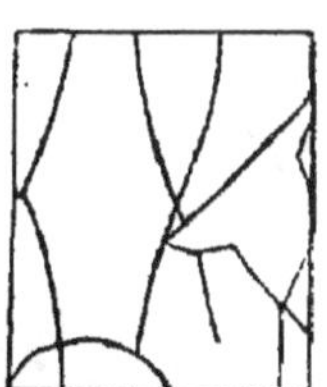

		Neufs		Oblitér
13. 1 quattrino noir...	»	»	» 75	
14. 1 soldo jaune.....	»	»	2f	»
15. 1 crazia rouge.....	»	»	» 35	
16. 2 crazie bleu......	»	»	» 25	
17. 2 » bleu clair..	»	»	» 25	
18. 4 » vert......	»	»	» 25	
19. 6 » bleu......	»	»	» 25	
20. 6 » bleu foncé.	»	»	» 25	
21. 9 » violet.....	»	»	»	»

Timbre de journaux, frappé à main
(BOLLO STRAORDINARIO).

Neufs. Oblitér.
22. 2 soldi noir...... 2ᶠ »   »   »

GOUVERNEMENT PROVISOIRE.
1860. *Croix de Savoie.*

23. 1 cent. violet foncé   »   »   » 50
24. 1   »   violet pâle   »   »   » 50
25. 5   »   vert foncé.   »   »   » 50
26. 5   »   vert pâle...   »   »   » 50
27. 10   »   brun......   »   »   » 25
28. 10   »   violâtre...   »   »   » 25
29. 20   »   bleu......   »   »   » 25
30. 20   »   gris.......   »   »   » 35
31. 40   »   rouge.....   »   »   » 25
32. 40   »   chair......   »   »   » 75
33. 80   »   chair......   »   »   1ᶠ25
34. 3 lire jaune......   »   »   »   »

ESSAIS.

A. Type officiel de 1851, 2 crazie,
noir sur diverses couleurs,
chacun.............   » 50   »   »
B. Type officiel de 1851
coul. des timbres, sur
papier blanc, épais,
1, 2, 4, 6, 9 craz., chac.   » 50   »   »

TRINITÉ.

1851. *Déesse assise, gravure, papier*
bleuté.

1. Rouge............   »   »   3ᶠ   »
2. Brun violet........   »   »   10ᶠ   »
3. Brun............   »   »   10ᶠ   »
4. Bleu............   »   »   12ᶠ   »

Les mêmes, papier blanc.

Neufs. Oblitér.
5. Rouge............   »   » 3ᶠ   »
6. Brun violet........   »   » 10ᶠ   »
7. Brun............   »   » 15ᶠ   »
8. Bleu............   »   » 15ᶠ   »

1856. *Même type, au trait, papier*
blanc.

9. Bleu............   »   »   »   »
10. Gris............   »   »   »   »

Idem, report lithographique,
presque invisible.

11. Rouge............   2 50   »   »
12. Bleu............   »   »   »   »
13. Gris............   »   »   »   »

1859. *Valeur indiquée, non den-*
telés.

14. 4 pence pensée....   »   »   »   »
15. 6   »   vert......   »   »   »   »
16. 1 shill. brun......   »   »   »   »

1863. *Les mêmes, piq. 12 1/2 à 15.*

17. (sans valeur), carmin   » 50   » 15
18.   »   brun carm.   »   »   » 25
19.   »   brun......   »   »   »   »
20. 4 pence violet.....   »   »   » 75
21. 4   »   lilas......   1ᶠ   »   » 75
22. 6   »   vert foncé.   »   »   » 75
23. 6   »   vert jaune.   »   »   » 50
23b 6   »   vert clair..   1 50   » 30
24. 1 shill. lilas.......   »   »   » 30
25. 1   »   violet.....   2ᶠ50   » 50

1868. *Mêmes timbres avec les mots :*
TOO LATE, imprimés en sur-
charge noire (pour lettres en re-
tard).

26. (sans valeur), carmin   » 35   »   »
27. 4 pence violet....   1ᶠ   »   »   »
28. 6   »   vert......   1ᶠ50   »   »
29. 1 schill. mauve...   2ᶠ50   »   »

1869. *Grand, couleur sur blanc,*
piq. 12 1/2.

30. 5 schill. carminé.   10ᶠ   »   »   »

ILES TURQUES.

1867. *Couleur sur blanc, piq. 11 1/2*

		Neufs.	Oblitér.
1. 1 penny rouge....	» 25	»	»
2. 6 pences verdâtre.	1f50	»	»
3. 1 sh. bleu gris.	2f51	»	»

TURQUIE.

1863. *Croissant, noir sur papier pelure, de couleur.*

1. 20 paras jaune....	1f50	» 50
2. 20 » jaune pâle.	1f50	» 50
3. 1 piastre violet.....	1f50	» 50
4. 1 » lilas......	1f50	» »
5. 2 » bleu......	2f »	» 51
6. 2 » bleu foncé	2f »	» »
7. 5 » rose carm.	4f »	» 50
8. 5 » groseille...	4f »	» »

Les mêmes, papier fort.

9. 20 paras jaune......	1f50	» 50
10. 20 » jaune pâle.	1f »	» »
11. 1 piastre lilas......	1f50	» 50
12. 1 » bleuâtre...	1f50	» 50

Chiffres-taxe des mêmes.

13. 20 paras brun foncé.	1f »	» 75
14. 20 » brun......	1f25	» »
15. 20 » rougeâtre..	» »	1f »
16. 1 piastre brun......	2f »	» 75
17. 1 » rougeâtre..	4f »	1f »
18. 2 piastres brun.....	2f50	» 75
19. 2 » rougeâtre..	2f50	1f »
20. 5 » brun......	4f »	1f »
21. 5 » rougeâtre..	4f »	» 50

1864. *Croissant, couleur sur blanc piq. 13.*

		Neufs.	Oblitér.
22. 10 paras vert......	» 15	»	»
23. 20 » jaune.....	» 15	»	»
24. 20 » jaune clair.	» 50	»	»
25. 1 piastre lilas......	» 15	»	25
26. 1 » violet.....	1f »	»	»
27. 2 piastres bleu.....	» 15	»	35
28. 5 » carmin....	» 15	»	50
29. 25 » orange....	9f »	»	»

Chiffres-taxe des mêmes.

30. 20 paras brun......	» 50	»	»
31. 20 » brun clair.	» 50	»	»
32. 1 piastre brun......	» 75	»	35
33. 1 » brun clair.	» 15	»	»
34. 2 piastres brun.....	1f »	»	50
35. 2 » brun clair.	» 15	»	»
36. 5 » brun......	2f »	»	75
37. 5 » brun clair.	» 20	»	»
38. 25 » brun......	10f »	»	»
39. 25 » brun clair.	10f »	»	»

Les mêmes non piqués.

22bis 10 paras vert....	» »	»	»
23bis 20 » jaune..	» »	»	»
30bis 20 paras brun..	1f »	»	»
25bis 1 piastre lilas...	» 35	»	»
33bis 1 » brun..	» 75	»	»

1869. *Mêmes timbres.*

40. 10 paras lilas....	» 35	» 05
41. 20 » vert.....	» 35	» 10
42. 1 piastre jaune...	» 50	» 15
43. 2 piastres rouge...	1f »	» 15
44. 5 » bleu	2f »	» 25
45. 25 » chair....	10f »	»

Chiffres-taxe des mêmes, bordure de couleur.

46. 20 paras brun bistre	» 25	» 15
47. 1 piastre » »	» 50	» 05
48. 2 piastres » »	1f »	» 25
49. 5 » » »	2f »	» 35
50. 25 » » »	10f »	» »

POSTE LOCALE.

1866. *Constantinople, croissant, noir sur couleur, piq. 14.*

Neufs. Oblitér.

51. 5 paras bleu....... » 25 » »
52. 20 » vert....... » 15 » »
53. 40 » rose....... » 25 » »

Les mêmes non dentelés.

1866. *Id. ronds, pour journaux, timbrés à la main.*

54. Rouge............ » 25 » »
55. Bleu............. » 25 » »
56. Noir............. » 25 » »

1866. *Timbres-taxe pour les lettres venant de l'extérieur.*

POSTE LOCALE	
Sérvice Mixte	
Taxe ext.	
Taxe int.	10
TOTAL	

57. 10 paras noirs, jaune » 75 » »
58. 20 » » rose. » » » »
59. 1 piastre rouge sur
   blanc... » » » »
60. 2 piastres bleu, blanc » » » »

1869. *Timbres de la Cie T. B. Morton, ronds.*

Neufs. Oblitér.

61. 20 paras bleu s. bleu » » » »
62. 20 » rouge s. bleu » » » »
63. 20 » rouge sur
   jaune.... » » » »
64. 20 » vert s. jaune » » » »
65. 1 piastre bleu s. rose » » » »
66. 1 » rouge s. rose » » » »

Même genre avec un steamer.

67. 20 paras vert...... » » » »
68. 1 piastre rouge.... » » » »

1867. KUSTENDJE ET CZERNAWODA, *montagnes et mer, noir sur coul., piq. 9 1/2.*

69. 20 paras vert........ » 15 » »

Grands timbres, pour les pétitions au sultan, coul. sur blanc, piq. 13.

70. 1 piastre rouge vif.. 1f » » »
71. 1 » rose...... 1f50 » »
72. 2 » rouge..... » 50 » »
73. 5 » brun...... 1f50 » »

ESSAIS.

Types de 1864.

A. 2 piastres noir..... » 50 » »
B. 5 » noir..... 1f » » »

VANCOUVER.

1866. *Effigie de la reine Victoria. C C en filigr., piq. 14.*

		Neufs.	Oblitér.
1. 5 cents rouge......	1f 50	»	»
2. 10 » bleu.......	2f »	»	»
2bis 10 » » non piq.	» »	»	»

VAN-DIEMEN ou TASMANIE.

1853. *Petite effigie, couleur s. blanc.*

1. 1 penny bleu (rect.)	»	»	8f	»
2. 4 pence jaune (oct.)	»	»	1f 25	
3. 4 » orange íd.	»	»	1f	»
4. 4 » orange foncé (oct.)	»	»	1f 50	

858. *Effigie, couleur sur blanc étoile en filigrane ou pas de filigr.*

5. 1 penny rouge brun	»	»	»
6. 2 pence vert foncé	»	»	»
7. 4 » bleu foncé	»	2f	»

Les mêmes, chiffre en filigrane.

8. 1 penny rouge.....	» 50	» 35
9. 1 » rouge pâle.	» »	» 25
10. 2 pence vert brun.	» 75	» 35
11. 2 » vert.......	» 75	» 25
12. 4 » bleu foncé.	» » » 25	
13. 4 » bleu pâle..	» » ' » 25	

1864. *Les mêmes, piq. 10 et 13.*

	Neufs.	Oblitér.
14. 1 penny rouge.....	» 50	» »
14b 1 » carmin....	» 50	» 25
15. 2 pence vert......	» 50	» 35
16. 4 » bleu......	» »	» 25

Octogones, TASMANIA.

17. 6 pence lilas......	» »	» 75
18. 6 » gris.......	» »	» 75
19. 1 sh. vermillon..	2f 50	» 75

Id. piq. 10 et 13.

20. 6 pence lilas......	» »	» 50
21. 1 sh. vermillon..	2f 50	» 50

1864. *Saint - Georges à cheval ; grands timbres de commerce pouvant servir à l'affranchissement des lettres.*

22. 3 pence vert.....	»	»	»	75
23. 2 sh. 6 p. carmin	»	»	1f	»
24. 5 » gris noir..	»	»	2f	50
25. 10 » jaune.....	»	»	5f	»

VENEZUELA.

1859. *Petit format, armoiries.*

1. 1/2 réal jaune.....	»	»	2f	»
2. 1/2 » orange....	» 50	»	»	
3. 1 » bleu foncé.	»	»	2f	»
4. 1 » bleu clair.	» 50	» 50		
5. 2 » rouge.....	» 50	»	»	
6. 2 » rouge foncé	»	»	1f 50	

1861. *Carrés, armoiries.*

7. 1/4 cent. vert......	2f	»	»
8. 1/2 » brun violet	1f 50	»	»
9. 1 » brun......	2f	»	»

1863. Aigle.

				Neufs.		Oblitér.	
10.	1/2 cent.	chair	....	» 75		»	»
11.	1 »	gris	......	» 75		»	»
12.	1/2 réal	jaune	....	1f »		»	»
13.	1 »	bleu	...	1f25		»	»
14.	1 »	bleu pâle..		1f25		»	»
15.	2 »	vert	......	2f »		1f	»
16.	2 »	vert clair..		2f »		»	»

1860. Carrés, armoiries.

17.	1/2 cent.	vert	......	»	»	»	»
18.	1 »	bleu vert..		»	»	»	»
19.	1/2 réal	violet	.....	1f »		»	»
20.	1 »	rouge	.....	1f75		» 75	
21.	2 »	jaune	.....	3f50		1f50	

Les mêmes percés en pointe.

22.	1/2 cent	vert	......	»	»	»	»
23.	1 »	bleu vert.		»	»	»	»
24.	1/2 réal	violet	....	»	»	»	»
25.	1 »	rouge	....	»	»	»	»
26.	2 »	jaune	....	»	»	»	»

VICTORIA.

1852. Reine à mi-corps, couleur sur blanc.

1.	1 penny	rose	......	»	»	1f »
2.	1 »	brun rouge		»	»	1f »
3.	1 »	bistre	.....	»	»	1f »
4.	1 »	vermillon per. li ...		»	»	5f »
5.	2 »	gris	....	»	»	3f »
6.	2 »	gris pâle..		»	»	2f50
7.	3 »	bleu foncé.		»	»	» 75
8.	3 »	bleu	....	»	»	» 75
9.	3 »	per. li. et piq.		»	»	5f »

1852. Reine sur un trône, étoiles en filig. aux 1 et 6 pence.

				Neufs.		Oblitér.
10.	1 penny	vert	....	»	»	2f50
11.	2 pence	brun	......	»	»	1f »
12.	2 »	brun foncé.		»	»	2f50
13.	6 »	bleu	....	»	»	1f50
14.	1 »	vert per. li.		»	»	6f »
15.	6 »	bleu id.		»	»	1f »

Octogone, effigie.

16.	1 sh.	bleu	...	»	»	2f »
17.	1 »	id. piq. 12.		»	»	» 75

Carrés, reine, POSTAGE STAMP sur les côtés.

18.	6 pence	orange....		»	»	1f »
19.	6 »	jaune.....		»	»	4f »
20.	6 »	jaune per. arc., piq.		»	»	5f »
21.	6 »	noir piq. 12		»	»	2f »
22.	2 sh..	vert......		»	»	2f50
23.	2 »	id. per. li, piq. 12..		»	»	1f50

1858. Effigie, cadre ovale, attributs aux quatre angles, étoile en filigrane.

24.	1 penny	vert.......		»	»	1f50
25.	2 pence	lilas......		»	»	» 75
26.	4 »	rose.......		»	»	1f »
27.	4 »	rouge.....		»	»	1f25

Les mêmes, papier vergé verticalement ou horizontalement.

		Neufs.	Oblitér.
28. 1 penny vert.......	»	»	1f 25
29. 2 pence violet......	»	»	» 75
30. 4 » rose......	»	»	1f »

Les mêmes, papier ordinaire.

31. 1 penny vert.......	»	»	1f 25
32. 2 pence lilas.......	»	»	» 75
33. 4 » rose.......	»	»	1f »

Les mêmes, piq. 12, 13, ainsi que tous les suivants.

34. 1 penny vert......	»	»	1f »
35. 2 pence lilas......	»	»	» 75
36. » rose......	»	»	1f »

Les mêmes, valeur en lettre en filigrane.

37. 1 penny vert.......	»	»	1f »
38. 2 pence lilas.......	»	»	» 75

Les mêmes, valeur en chiffre en filigrane.

39. 2 pence lilas......	»	»	1f »

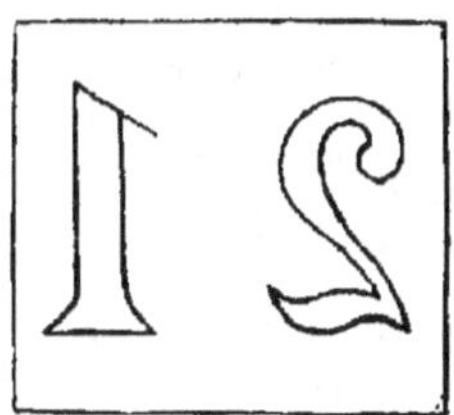

Les filigranes sont tantôt à double trait, tantôt à un seul (chif. maigres), on trouve quelquefois des timbres imprimés sur des filigr. d'autres valeurs.

1862. *Même genre, chiffre sur les côtés, valeur en lettre en filigrane.*

		Neufs.	Oblitér.
40. 3 pence bleu foncé.	»	»	2f »
41. 3 » bleu clair..	»	»	» 75
42. 3 » lie de vin..	»	»	» »
43. 4 » rose foncé.	»	»	» 50
44. 6 » orangé. ..	»	»	» »
45. 6 » noir........	»	»	» 75

Id. Grandes inscriptions.

46. 6 pence chiffres en filigrane.	»	»	» »

Même type, chiffre en filigrane.

47. 3 pence lie de vin..	»	»	» »
48. 4 » rose.......	»	»	» »

1863. *Même genre, lignes blanches croisées dans les angles, valeur en lettres en filigrane.*

49. 1 penny vert......	»	»	» »
50. 1 » id pap.ord.	»	»	» 25
51. 1 » id. chiffres en filigr..	»	»	» 10
52. 1 » id.ch.maig. en filigr..	»	»	» 50

1864. *Carré, effigie laurée dans un rond.*

		Neufs.	Oblitér.
53.	1 penny vert......	» 35	» 10
54.	1 » vert pâle..	» 25	» 10
55.	2 pence lilas......	» »	» 20
56.	2 » violet.....	» »	» 10
57.	4 » rose......	» »	» 25
58.	4 » rose pâle..	» »	» 10
59.	4 » id. ch. gras en filigr..	» »	1f »
60.	8 » orange....	» »	1f »

1865. *Types connus, dentelés.*

61.	1 sh.	bleu s. bleu	» »	» 15
62.	2 »	bleu s. vert.	» »	» 25

1866. *Rectangulaires, effigie dans un ovale.*

63.	6 pence bleu......	1f50	» 10
64.	10 » gris.......	» »	3f »
65.	10 » lie de vin.	» »	» 50

66.	3 lilas............	1f50	» 25

1867. *Mêmes timbres avec V couronné en filigrane. Papier de couleur, piq. 13.*

1867. *Papier de couleur, piq. 13.*

7.	5 shil. bleu s. jaune.	» » » »

1868. *Même type en deux couleurs sur blanc.*

68.	5 shil. rouge et bleu.	10f »	» 75

1856. *Lettres en retard,* TOO LATE.

		Neufs.	Oblitér.
69.	6 pence lilas et vert.	» »	8f »

Id. **Lettres chargées,** REGISTERED.

| 70. | 1 sh. rose et bleu | » » | 5f » |

TIMBRES DE FRANCHISE.
Timbre rond, à main, bleu.

71.	Post master general	» »	» 25
72.	Comm. of Public yorks............	» »	1f »
73.	Comm. of Crown Lands............	» »	1f »
74.	Comm. of Trade and Customs........	» »	1f »
75.	Comm. Railways and Roads...........	» »	1f »
76.	Minister of Justice..	» »	» 75
77.	Chief secretary	» »	» 50
78.	The Treasurer	» »	» 75

ILES VIERGES.

1866. *Vierge entourée de lampes, couleur sur blanc, piq. 12.*

1.	1 penny vert......	» 25	» »
2.	6 pence rose........	1f50	» »

1867. *Grands timbres, madone.*
piq. 15.

                   Neufs. Oblitér.

3. 4 pence, brun rouge. 1f » » »
4. 1 sh., noir et rouge 3f » » »
5. 1 » » (large bor-
    dure extér.)... 3f » » »

WURTEMBERG.

1851. *Chiffre, noir sur couleur.*

1. 1 kr. paille....... 2f » » 35
2. 3 » jaune....... » » » 15
3. 3 » jaune foncé.. 2f » » 35
4. 6 » vert........ » » » 15
5. 6 » vert foncé... » » » 15
6. 9 » rose........ » » » 15
7. 18 » violet....... 3f30 2f50

Les mêmes, réimprimés, avec re-
touche.

8. 1 kr. jaune clair.. » 50 » »
9. 3 » jaune....... » 50 » »
10. 6 » vert........ » 75 » »
11. 9 » rose........ 1f » » »
12. 18 » violet....... 1f50 » »

1857. *Armoiries relief et couleur*
sur blanc, fil de soie dans le pa-
pier (Dick.), non dentelés.

13. 1 kr. brun........ » » » 50
14. 3 » orange...... » » » 25
15. 6 » vert........ 2f » » 25
16. 9 » rose........ 2f » » 25
17. 18 » bleu........ 4f » » »

Les mêmes réimprimes.

13b 1 kr. gris........ » 25 » »
14b 3 » jaune....... » 50 » »
15b 6 » vert........ » 75 » »
16b 9 » rose........ » » » »
17b 18 » bleu........ » » »

1858. *Les mêmes, sans fil de soie.*

18. 1 kr. bistre....... » 50 » 25
19. 3 » jaune....... » 75 » 15
20. 6 » vert....... 2f » » 15
21. 9 » rose........ 2f » » 15
22. 18 » bleu........ 3f » » »

Les mêmes, réimprimés.

23. 1 kr. bistre....... 1f » » »
24. 3 » jaune....... 1f » » ».
25. 6 » vert........ 1f » » »
26. 9 » rose........ 1f » » »
27. 18 » bleu........ 2f » » »

1859. *Les mêmes, piq. 13 1/2, 10.*

                   Neufs. Oblitér.

28. 1 kr. bistre....... » » » 50
29. 1 » brun noir... » » » 35
30. 3 » jaune....... » 50 » 10
31. 6 » vert........ » 75 » 10
31b 6 » vert clair.... » 75 » »
32. 9 » rose........ 1f50 » 10
32b 9 » carmin...... 1f50 » »
33. 18 » bleu........ 2f » 1f50

1864. *Même type, piq. 10 ou per. li.*

34. 1 kr. vert........ » 20 » »
35. 1 » vert pâle.... » 20 » »
36. 3 » rose........ » 35 » 10
37. 6 » bleu........ » » » 15
38. 7 » bleu ardoise. 1f » » »
39. 9 » bistre....... » » » 15
40. 9 » brun........ 1f » » 15
41. 18 » orange...... 1f75 » 50

1868-69. *Type différent, chiffre au*
centre, per. li.

42. 1 kr. vert........ . » 15 » 05
43. 3 » rose .... » 35 » 05
44. 7 » bleu........ » 75 » 15
45. 14 » jaune....... 1f » » 35

Commission für retourbriefe.

46. Armoiries, noir.... » 50 » »
47. Id. retouché et piq. » 50 » »

ENVELOPPES.

1862. *Chiffre dans un octogone, relief et couleur sur blanc, grandes inscriptions transversales, vertes.*

48. 3 kr. rose........ 2ᶠ » » »
49. 6 kr. bleu........ 2ᶠ » » »
50. 9 » brun........ 2ᶠ » » »

1863. *Idem papier bleu, inscriptions transversales vertes.*

Neufs. Oblitér.
51. 3 kr. rose........ 1ᶠ » » »
52. 6 » bleu........ » » » »
53. 9 » brun........ » » » 25

1865. *Idem inscriptions transversales de diverses couleurs.*

1 kr. vert........ » 15 » 10

Neufs. Oblitér.
55. 3 kr. rose........ » 25 » 10
56. 6 » bleu........ » 60 » 25
57. 9 » bistre. ..... 1ᶠ » » 25

1867. *Enveloppes-mandats, estampille au type des enveloppes ci-dessus.*

59. 4 kr. orange....... » 60 » »
58. 6 » bleu........ » 75 » »
60. 7 » vert........ » 75 » »
61. 9 » bistre....... 1ᶠ » » »
62. sans timbre........ » 25 » »

Même genre, sur carton.

63. 3 kr. rose........ » » » »
64. 6 » bleu........ » » » »
65. 9 » bistre...... » » » »
66. 7+7 » violet....... » » »: »
67. 14 » violet....... » » » »

ESSAIS.

A. Type de 1851, noir sur coul. diverses, chacun.. » 50 » »
B. Type de 1857, coul. sur papiers de div. couleurs, pelure, carton, etc., ch. » 25 » »
(Ces essais peuvent affranchir les lettres.)

C. Type des enveloppes, un seul T au lieu de deux, à Wurtemberg.

3 kr. rose s. blanc..... 1ᶠ50 » »
3 » » s. bleu.. .... » » » • »
3 » » s. jaune .... » » » »

Pour les émissions nouvelles, voir le CATALOGUE DESCRIPTIF de tous les TIMBRES-POSTE, CARTES-POSTE, TIMBRES-TÉLÉGRAPHE, etc , émis de **1870** à **1875**, illustré d'un grand nombre de gravures.

Prix : **1 fr. 25** (port **10 c.**)

AÇORES (Afrique).
Possession portugaise.
1869. TIMBRES. *Type 1868, surcharge en lettres maigres.*

		Neufs.	Oblit.
16.	25 reis rose......	» 75	» »

ANTILLES ESPAGNOLES (CUBA, etc.).
(Amérique).
1869. TIMBRES. *Type 1868 avec :*
HABILITADO POR LA NACION
en surcharge noire.

49.	5 cent. rose.....	»	»	»	»
50.	10 » bistre..	»	»	»	»
51.	20 » jaune...	»	»	»	»
52.	40 » violet ..	»	»	»	»

1868. TIMBRE-TÉLÉGRAPHE. *Effigie d'Isabelle II, CUBA, couleur sur couleur, piq. 14.*

53.	200 m. bleu s. chair	»	»	»	»

1869. *Idem, millésime, couleur sur blanc, piq. 14.*

54.	200 mil. bleu.....	5ᶠ	»	»	»
55.	500 » brun....	5ᶠ	»	»	»
56	1 escudo orange..	6ᶠ	»	»	»

1869. *Idem, avec :* HABILITADO POR LA NACION *en surcharge bleue.*

37.	200 mil. bleu.....	»	»	»	»
38.	500 » brun....	»	»	»	»
39	1 escudo orange..	»	»	»	»

AUSTRALIE DU SUD (Océanie).
Possession anglaise
1868. TIMBRES DE SERVICE OFFICIEL. *Types ordinaires avec une ou deux lettres majuscules surchargées en noir, rouge ou bleu.*

		Neufs.		Oblit.	
28.	1 penny vert......	»	»	»	50
29.	2 pence rouge....	»	»	»	50
30.	4 » lilas	»	»	»	75
31.	6 » bleu.....	»	»	»	»
32.	10 » jaune....	»	»	»	»
33.	1 sh. brun.....	»	»	»	75
34.	2 » carmin...	»	»	»	»

Province de **CACHEMIRE** (Asie).

1866. TIMBRES. *Caractères indiens dans un rond, couleur sur papier bis, vergé.*

1ᵃ.	1/2 anna vert......	5ᶠ	»	»	»
2ᵃ.	1 » bleu.....	5ᶠ	»	»	»
3ᵃ.	4 » rouge....	5ᶠ	»	»	»
3ᵇ.	4 » noir.....	5ᶠ	»	»	»

1866-67. *Idem dans un rectangle.*

13.	1/2 anna carmin..	» 35	»	»	
14.	1/2 » vermillon.	2ᶠ	»	»	»
15.	1/2 » bleu terne	»	»	»	»
16.	1 » carmin...	1ᶠ50	»	»	
17.	1 » rouge....	»	»	»	»

Une partie de ces timbres est pour Cachemire, l'autre pour Jummoo.

CEYLAN (Asie).
Possession anglaise.
1869. TIMBRES DE SERVICE OFFICIEL. *Timbres de 1864-69 avec le mot SERVICE en surcharge.*

1, 2, 3, 4, 6, 8 pence, 1, 2 schill.

COMPAGNIE RUSSE de NAVIGATION du LEVANT.

1867? Timbres *provisoires. Vaisseau, armes, couleurs sur blanc.*

Neufs.   Oblit.

9. Brun et bleu.....   » » » »
10. Bleu et rouge.....   » » » »

Royaume de DANEMARK (Europe).
Holte. POSTE LOCALE.

1869. Timbre. *Chiffre, couleur sur blanc.*

1. 2 sk. brun........   » 35 » »

Royaume de DÉCAN (Asie).

1866. Timbre. *Signes arabes imprimés à la main sur enveloppes de diverses couleurs.*

1. 1 anna noir.... ..   » » » »

1866. *Idem, grand, gravé, couleur sur blanc, piqué 11 1/2 sur 14.*

12. anna olive........   1f50 » »

FINLANDE (Europe)
Province russe
Helsingfors. POSTE LOCALE.

1860. TIMBRE. *Armes et chiffre, deux couleurs sur blanc rosé.*

Neufs. Oblitér.

1. 10 p. vert et rouge.   » » » »

HÉLIGOLAND (Europe).
Possession anglaise.

1869. TIMBRES. *Type 1867, piq. 14 1/2*

5. 1/2 schil. rose et vert.   » 15 » »
6. 1   »   »   »   » 25 » »

Royaume de HONGRIE (Europe).
Empire d'Autriche.

1869. CARTE. *Armes,* CORRESPONDENZ KARTE *et cadre en noir; timbre d'Autriche 1867 en couleur à droite, sur chamois.*

3. 2 kreuzer jaune....   » 75 » »

Idem avec LEVELEZÉSI LAP.

4. 2 kreuzer jaune....   » 50 » »

INDES (Asie).
Possessions anglaises.

1867. TIMBRES DE SERVICE OFFICIEL. *Timbres de 1858-66 avec SERVICE (deux types) en surcharge noire.*

8. 8 pies violet.......   » » » »
29. 1/2 anna bleu....   » » » 20
30. 1   »   brun....   » » » 20
31. 2   »   jaune..   » » » 20
32. 4   »   vert (58).   » » » »
33. 4   »   vert (66)   » » » 50
34. 6   » 8 p. gris..   » » » »
35. 8   »   rose ....   » » » 50

1867. TIMBRES-TÉLÉGRAPHE. *Doubles, effigies de Victoria, coul. sur blanc, couronne et india en filigrane.*

36. 2   annas rose....   » 75 » »
37. 4   »   bleu ....   1f50 » »
38. 8   »   brun....   » » » 40

			Neufs.	Oblit.
39.	1	rupee gris.....	» »	» 25
40.	2	» 8 a, jaune..	» »	» 75
41.	5	» br.-rouge	» »	» 75
42.	10	» vert.....	» »	1ᶠ »
43.	14	» 4 a. violet...	» »	1ᶠ50
44.	25	» lilas ,....	» »	» »
45.	28	» 8 a. vert....	» »	2ᶠ »
46.	50	» rose....	» »	2ᶠ50

Les oblitérés sont toujours divisés par moitié.

NOUVELLE GALLES DU SUD (Océanie).
Possession anglaise.

1849. ENVELOPPE. *Armes d'Angleterre, relief sur blanc.*

67. Blanc.......... 20ᶠ » » »

Conféd. de la NOUVELLE-GRENADE (Amérique).

POSTES PARTICULIÈRES DES ÉTATS.

Antioquia.

1869. TIMBRES. *Armes, couleur sur blanc.*

0 . 2 1/2 cent bleu clair. » » » »
0ᴬ. 5 » vert...... » » » »

B. 10 cent. lilas...... » » » »
C. 1 peso rose..... » » » »

Iles PHILIPPINES (Océanie).
Possession espagnole.

1869. TIMBRES *de 1864 avec HABILITADO POR LA NACION en surcharge.*

		Neufs.	Oblit.
29.	3 1/8 c. chamois.	» »	» »
30.	6 2/8 » vert.....	» »	1ᶠ50
31.	12 4/8 » bleu.....	» »	3ᶠ »
32.	25 » rouge.....	» »	» »

République de TRANSWALL. (Afrique).

1867. ENVELOPPES. *Timbre à droite, impr. à main, couleur sur blanc ou couleur.*

1. 6 pence noir...... 5ᶠ » » »

1869. *Idem, plus petit, sans millésime.*

2. 6 pence noir...... » » » ,

1869. *Idem, sur gris, millésime.*

3. 6 pence noir...... 2ᶠ50 »

1869. TIMBRES. *Armes et drapeaux, couleur sur blanc.*

4. 1 penny rouge.... » » »

	Neufs.	Oblit.
5. 3 pence lilas.....	1f 75	» »
6. 6 » bleu.....	» »	» »
7. 1 schilling vert...	» »	» »

1869. *Idem, percés en ligne.*

	Neufs.	Oblit.
8. 1 penny rouge....	» »	» »
9. 1 » carmin...	1f »	» »
10. 3 pence violet....	1f »	» »
11. 6 » bleu.....	2f »	» »
12. 1 schilling vert...	3f »	» »

1870. *Idem, impression grossière, non percés.*

	Neufs.	Oblit.
13. 1 penny rouge....	» 50	» »
14. 6 » bleu.....	2f »	» »
15. 1 schilling vert...	3f »	» »

1870. *Idem, percés en ligne.*

	Neufs.	Oblit.
16. 1 penny rouge....	» 35	» »
17. » r. pâle...	» 35	» »
18. » noir.....	» 25	» »
19. 6 » bleu.....	1f 50	» »
20. 1 schilling vert...	2f 50	» »

Empire de TURQUIE (Europe).

1869. ENVELOPPES. *Timbre à la patte, croissant, relief et couleur sur gris, surcharge noire; millésime turc 1286 en relief, sur le côté.*

Idem, millésime différent.

	Neufs.	Oblit.
74. 1 piastre jaune..	» 75	» »

	Neufs.	Oblit.
75. 1 1/2 piastre brun..	1f »	» »
76. 3 » orange	2f »	» »
77. 6 » violet.	4f »	» »

TIMBRES et TIMBRES-TAXES. *Types, valeurs et couleurs de 1864, avec inscriptions noires en surcharge, plus petites.*

	Neufs.	Oblit.
29a. Chaque.	» »	» 25

VICTORIA (Océanie)
Possession anglaise

1869. TIMBRE. *Type 1866, couleur sur blanc, v et couronne en filigr. piq. 12 1/2.*

	Neufs.	Oblit.
78. 3 pence jaune....	» 75	» 20

1869. ENVELOPPE. *Timbre à droite, effigie de Victoria, relief et couleur sur blanc.*

	Neufs.	Oblit.
79. 2 pence rose.....	» 60	» »

1869. BANDE. *Timbre de 1864, couleur sur blanc.*

	Neufs.	Oblit.
80. 1 penny vert.....	» 35	» »

Paris. — Typ. Tolmer et Isidor Joseph, 43, rue du Four-Saint-Germain.

ALBUM UNIVERSEL DE TIMBRES-POSTE

CLASSÉ
PAR
ORDRE GÉOGRAPHIQUE
ET HISTORIQUE
AVEC DES BLANCS
OU DES PAGES ENTIÈRES
APRÈS CHAQUE PAYS
POUR LES
TIMBRES NOUVEAUX.

ILLUSTRÉ
DE
HUIT BELLES CARTES
GÉOGRAPHIQUES
GRAVÉES SPÉCIALEMENT
INDIQUANT LES PAYS
QUI ONT ÉMIS
DES
TIMBRES-POSTE.

PAR ARTHUR MAURY

Cet Album, édité à grands frais par nous-même, pour répondre aux demandes des collectionneurs, tous les jours plus nombreux, est composé sur un plan très-simple et entièrement nouveau, qui nous a permis d'éviter tous les inconvénients reprochés aux albums publiés jusqu'à ce jour.

Les timbres-poste, les enveloppes, les timbres télégraphe, etc., étant classés *chronologiquement*, notre album est à la fois *fixe*, pour tout ce qui est paru et *libre* pour les timbres qui pourront survenir : en effet, au moyen de notre système, il nous a été possible de laisser à la fin de chaque pays des blancs et des pages entières qui permettront d'ajouter les timbres nouveaux au fur et à mesure de leur émission, et cela pendant de longues années ; d'ailleurs, des feuillets séparés, encadrés comme ceux de l'album, se trouveront toujours à la disposition des collectionneurs, qui pourront les placer selon leur utilité.

Notre Album est absolument complet, les variétés secondaires de nuances, de filigranes et de dentelures ont seules été éliminées.

Chaque timbre est décrit dans la case même qu'il doit occuper, ainsi sont évitées les recherches sur une autre page.

Huit belles cartes géographiques spéciales imprimées en lithographie de couleur, un tableau complet des monnaies étrangères et des conseils sur la manière de préparer les timbres qui doivent entrer dans la collection, complètent cet ouvrage pour lequel les soins, les recherches et la dépense n'ont pas été ménagés.

Les reliures sont très soignées et de couleurs variées (nous recommandons, comme solidité, l'Album en demi-reliure). Les fermoirs, d'un bon goût, sont rivés.

L'Album est composé de 256 pages doubles, ayant comme dimensions 28 c. sur 21 ; la place des timbres est au recto, le verso est blanc avec cadres pour les armoiries des pays.

Une feuille spécimen sera envoyée GRATIS et FRANCO sur toute demande affranchie.

PRIX DE L'ALBUM UNIVERSEL

Reliure percaline titre doré, 1 fermoir . . . . 13 fr.
Demi-reliure dos maroquin, titre doré, tranche marbrée (peigne), 1 fermoir. 15 »
Maroquin plein, papier plus fort, tranche dorée, 2 fermoirs. . . . . . . 25 »
Le même avec dorure riche (dentelle) . . . . 30 »
Reliures riches. — Beau papier d'Angoulême très-fort, superbes reliures avec fermoirs artistiques.
Ces albums sont enfermés dans des boîtes soignées.
Chagrin plein, premier choix . . . . 50 fr.
Maroquin du Levant, premier choix . . . . 60 »

ALBUM UNIVERSEL A PRIX RÉDUIT

Le même ouvrage, mais avec 256 feuilles *simples*, c'est-à-dire ayant la place des timbres imprimée de deux côtés. Papier ordinaire. Cartes géographiques en noir.
Reliure percaline, titre doré. . . . . 6 fr.

Ces Albums sont expédiés par chemins de fer ou messageries aux frais du destinataire

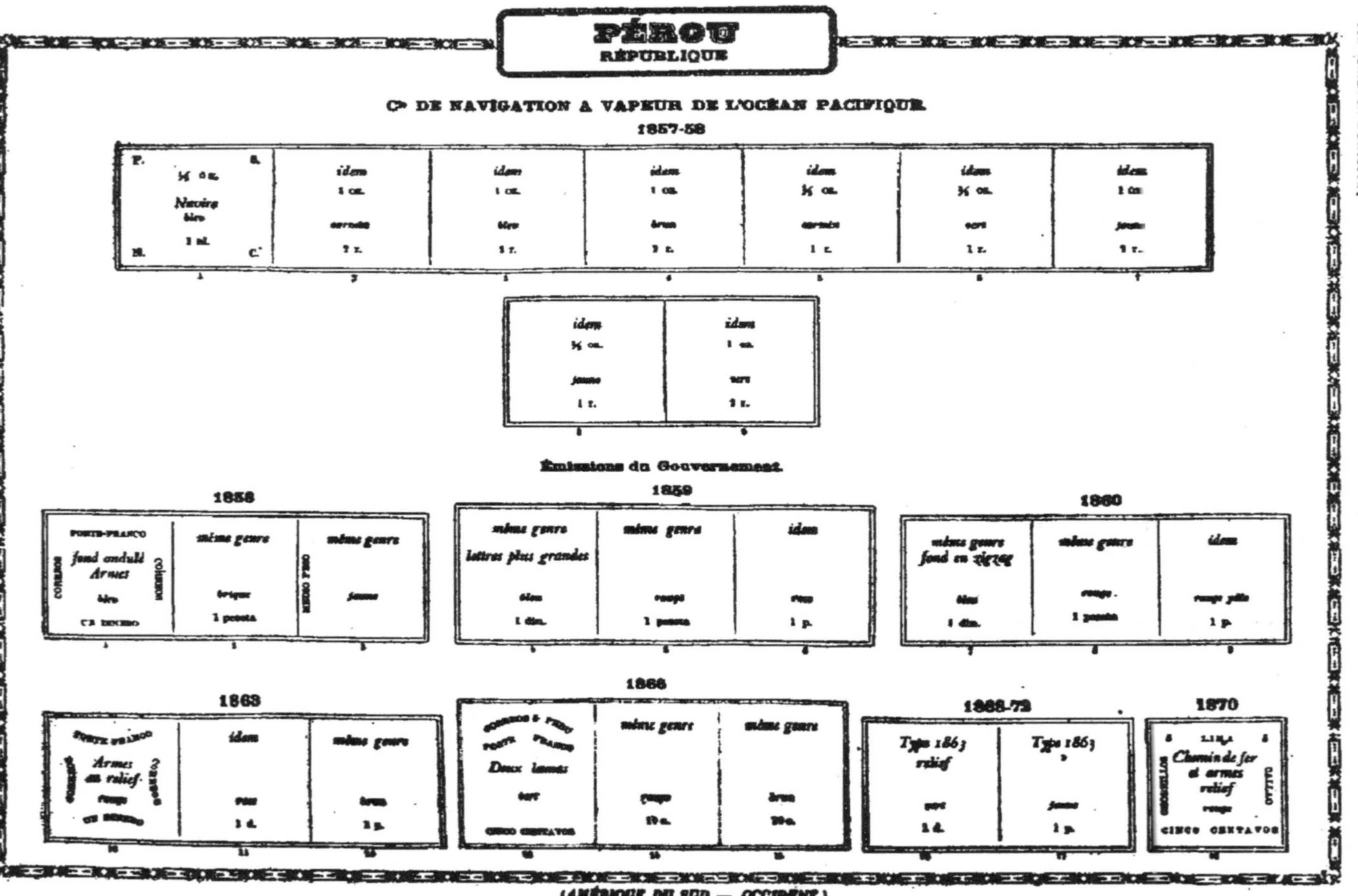
PÉROU
RÉPUBLIQUE
Cⁱᵉ DE NAVIGATION À VAPEUR DE L'OCÉAN PACIFIQUE
1857-58
Émissions du Gouvernement.
1858
1859
1860
1863
1868
1868-73
1870
CORREOS
PORTE-FRANCO
fond onduld
Armes
Type 1863 relief
Chemin de fer
et armes relief
LIMA
CALLAO
CINCO CENTAVOS
(AMÉRIQUE DU SUD — OCCIDENT.)

RÉFÉRENCES

... Votre **Album Universel de Timbres-poste** est excellent à tous égards.

LÉON DE ROSNY,
*Professeur de japonais à l'École nationale
des langues orientales, président de la
Société d'Ethnographie.*

J'ai reçu en parfait état l'**Album universel**, et j'en ai été très-satisfaite. C'est un travail très-soigné et très-complet qui augmentera encore la réputation de votre maison.

Marquise D'ANGROGNA.
Turin.

Votre **Album Universel** a réveillé ma passion timbrologique qui dormait depuis trois ans, ensevelie dans un vieil album rempli jusqu'aux marges. Je décolle, je décolle; c'est la sixième fois que je déplace-ainsi toute ma collection, mais plus j'avance dans mon travail, plus je suis certain que cette fois-ci est la bonne. Votre album est bien compris, bien fait, on voit que vous n'avez laissé aucun détail au hasard, etc.

GRAS.

J'ai été fort content de l'**Album Universel** que vous m'avez envoyé: aussi je m'empresse de vous en demander un semblable pour la collection de la Maison... Je ne connaissais pas cet ouvrage, je voulais, en mettant en ordre ma collection, faire le travail que votre album m'a épargné; de cette sorte, j'ai pu, en quelques jours, classer et fixer *pour toujours* une assez grande quantité de timbres que je n'aurais pu classer en plusieurs semaines, avec la perspective d'avoir à les changer de place à chaque instant.

L'abbé PONCIN,
*Petit séminaire du Rondeau,
près Grenoble.*

Je puis, maintenant que mes timbres-poste sont placés, apprécier l'harmonie que vous avez su établir dans la classification de l'**Album Universel**...... Ainsi réunis les timbres constituent l'unité la plus originale dans la plus étrange variété...

Vous avez compris et mis en relief avec beaucoup de méthode le côté scientifique de cette charmante collection qui pour l'homme sérieux touche à l'histoire et aux mœurs des peuples, à la géographie, à la diplomatique et qui constitue pour la jeunesse, une occupation d'autant plus précieuse qu'elle attache les sens et distrait l'esprit.

Docteur ESPANET
Paris.

Je déclare que l'**Album Universel de Timbres-Poste** édité par M. Arthur Maury est le mieux approprié à l'usage des collectionneurs de nos jours. Par son nouveau système indicatif à l'intérieur des cases, il rend facile le classement des timbres et détermine bien les variétés et nuances dignes d'être classées sans tomber dans l'exagération qui décourage souvent les commençants.

Y. CARRÉTON, Paris.
Timbrophile depuis plus de 16 ans.

Vous avez eu, M. Maury, une idée excellente en joignant à votre **Album Universel de Tim-** bres-Poste de bonnes petites cartes géographiques. Je donne un à un, à mon petit garçon, âgé de dix ans, les timbres que je me procure, mais il faut qu'il les mérite en m'indiquant immédiatement sur les cartes la place des pays d'où ils viennent; il a fait ainsi de merveilleux progrès en géographie, science qui jusqu'à là l'ennuyait parce qu'il n'y voyait que des kyrielles de noms baroques qu'il était *forcé* d'apprendre *par cœur*. Il devient aussi soigneux, rangeur..... c'est plus qu'il n'en faut pour que je vous dise merci.

MALLET, menuisier.
Lyon.

J'ai reçu l'**Album Universel**; j'en suis très-content et je puis vous dire que cet album est de beaucoup supérieur à tous ceux que j'ai vus jusqu'à ce jour; je l'ai fait voir à plusieurs de mes amis et ils m'ont déclaré que dans peu de temps ils vous en demanderaient aussi quelques-uns.

Louis PHILIPPE,
Peintre et tapissier,
à Délémont, canton de Berne (Suisse).

J'ai reçu votre **Album Universel de Timbres-Poste**..... j'avais tout d'abord beaucoup plaisanté cette collection, mais..... depuis, j'ai pris goût au genre de distraction que vous avez su si bien organiser et, chose surprenante, la fantaisie se gagne au point que, dans le cercle de mes relations intimes, nous devenons tous des collectionneurs curieux et avides. Qu'il me soit permis de vous dire que beaucoup d'entre nous vous doivent d'avoir tenu à repasser sérieusement leur géographie dans la crainte de paraître ignorants devant leurs enfants ou neveux plus entreprenants, déjà collectionneurs enragés, et grâce à vous géographes précoces.

Docteur DOUTREBENTE,
Neuilly-sur-Marne.

L'**Album Universel** que vous m'avez envoyé convient bien à la collection de mes enfants, ils s'en amusent considérablement; voilà pour toutes nos soirées d'hiver; j'avoue qu'en les aidant à chercher les cases des timbres je trouve aussi un charme singulier à ce jeu de patience.

Madame S. DE B.

La *timbromanie* de notre jeunesse est devenue la *timbrologie*, c'est-à-dire une science, science aimable et attrayante pour tous, grâce à vos publications, à vos catalogues illustrés et surtout à votre **Album Universel** dont j'apprécie toute la valeur : attrait pour le collectionneur, singulier et précieux moyen d'instruction amusante, etc.

Louis PERRON, architecte,
directeur du journal l'*Architecte*,
rue St-Gilles, 17, Paris.

Votre **Album Universel** est excellent et je suis excessivement heureux d'en avoir fait l'acquisition. Plus j'y installe mes timbres, plus je le trouve organisé de la façon la plus pratique, aussi je vous en fais mon compliment et le recommanderai à tous mes amis, jeunes et vieux...

MACHIELS,
Consul honoraire, Paris.

NÉCESSAIRE
DU COLLECTIONNEUR DE TIMBRES.

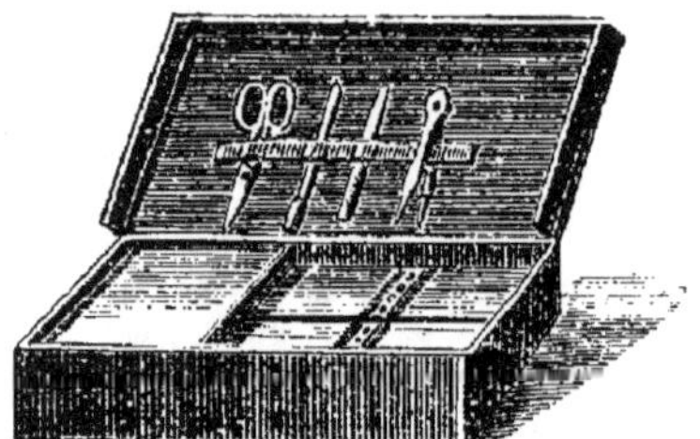

Nous avons réuni dans une boite tous les objets indispensables pour préparer les timbres à entrer dans une collection :

Ciseaux, pince-Bruxelles, gros pinceau, couteau en os, papier buvard blanc, papier gommé d'un côté, petites charnières en papier gommé évitant de se servir de la gomme liquide pour coller les timbres, et 50 enveloppes pour classer les doubles.

Prix du nécessaire complet : **3 fr.**

Port (*pour la France*) 0.30 c.

PAPIER GOMMÉ

Évitant l'emploi de la gomme liquide pour coller les timbres dans les albums.

Cahier de 8 feuilles gommées d'un seul côté. (format du papier à lettre).

Prix : **0.30 c.** (port 0.05 c.)

CHARNIÈRES EN PAPIER GOMMÉ.

Toutes pliées et découpées pour fixer les timbres dans les albums.

500 petites charnières gommées.

Prix : **0.60 c.** (port 0.05)

Les mêmes dans une boite.

Prix : **0.70 c.** (port 0.05)

POUR L'ORNEMENTATION DES ALBUMS
TIMBRES-POSTE.

234 ARMOIRIES ET **PAVILLONS** de toutes les nations, couleurs, or et argent.

Prix : **1 fr. 50** (port 0.05 c.)

PORTRAITS DES SOUVERAINS

Photographies format timbres-poste.

Prix des **48** portraits : **4 fr. 80 c.** (port 0.05 c.)

CARNET POUR ÉCHANGES

Joli carnet de poche, monté comme les albums photographiques ; 240 fentes à l'emporte-pièce

pour placer provisoirement les timbres sans les coller.

Prix **2 fr. 50** (port 0.15 c.)

BIBLIOGRAPHIE

Le plus ancien des ouvrages publiés sur les timbres-poste, est le catalogue de M. A. Potiquet, décrit ci-dessous, il nous a été donné de retrouver un certain nombre d'exemplaires bien conservés de cette petite brochure rare, très-recherchée des collectionneurs, tant soit peu bibliophiles, la comparaison de ce catalogue avec un autre récemment paru, montre l'extension extraordinaire qu'a prise la collection des timbres-poste depuis 1862.

Catalogue des Timbres-poste *créés dans les divers États du Globe, A. L. (Alfred Potiquet. Paris, librairie E. Lacroix, 1862. Un vol. petit in-8 de 18 pages.*

Prix : **2 fr. 50** (port 0.05 c.)

JOURNAL
LE COLLECTIONNEUR DE TIMBRES-POSTE

Description de timbres rares et nouveaux avec gravures, documents, histoires amusantes, etc.

Série (incomplète) de 25 numéros brochés.

Prix : **2 fr.** (port 0.25 c.)

Ce journal a cessé de paraître.

CURIEUX DOCUMENT
du siècle de Louis XIV.

Tous les collectionneurs ont entendu parler des fameux timbres-poste nommés *billets de port payé* par leur inventeur M. de Vélayer, maître des requêtes, qui, en 1653 obtint du roi le privilège d'établir pour la première fois un service postal dans Paris. Loret, chroniqueur du temps a chanté cet *establissement* et ses *boëttes nombreuses* et *drues;* une lettre de Conrart à Mlle de Scudéry, lettre actuellement dans la collection de M. Feuillet de Conches, fait mention du *billet de port payé* qui l'affranchissait, mais qui malheureusement a disparu. La recherche de ce timbre-poste, d'il y a plus de deux cents ans, nous a fait retrouver un document de la plus haute curiosité : c'est l'instruction ou annonce, en quatre pages, avec frontispice et lettre ornée qui *faict asçauoir*, avec des détails d'une naïveté charmante: la création de la Poste de Paris, les endroits où sont établies les boîtes et ceux où l'on peut *acheter* les billets pour le prix d'*un sol marqué*; à la suite se trouve un appel aux gens qui auront le plus d'intérêt à se servir de cette nouveauté comme : *ceux qui n'ont point de valets, ou ceux qui en ont de paresseux,* les artisans, les marchands, les employés, *ceux qui sont incommodes de leur santé, ou de leurs créanciers,* les religieux, les prisonniers, les solliciteurs, etc...

Nous nous sommes empressé de faire reproduire identiquement en photogravure, et imprimer sur vieux papier vergé cette pièce qui n'était possédée que par la Bibliothèque nationale; le fac-simile est parfait et tous les collectionneurs voudront certainement le placer dans leur album.

Prix de l'exemplaire... **0.50 c.** (port 0.05 c.)

Paris. — Typ. de Rouge et Cie, r. du Four. 43.